Os anjos

Quaestiones disputatae De Veritate

Questões 8 e 9

O livro é a porta que se abre para a realização do homem.
Jair Lot Vieira

Tomás de Aquino

Os anjos

Quaestiones disputatae De Veritate

Questões 8 e 9

TRADUÇÃO, EDIÇÃO E NOTAS

PAULO FAITANIN
Doutor em Filosofia Medieval pela Universidad de Navarra (Espanha)
Professor Associado III e Professor do Programa de Pós-Graduação
em Filosofia da Universidade Federal Fluminense – UFF
Pesquisador do Gabinete de Estudos Medievais
da Universidade do Porto (Portugal)

BERNARDO VEIGA
Doutor em Filosofia pela Universidade Federal do Rio de Janeiro – UFRJ
Realizou o pós-doutorado em Filosofia pela UFRJ e em
Direito pela Universidade Católica de Petrópolis
Coordenador dos projetos: "Questões disputadas" e "Tomás, comentador"

edipro

Copyright desta tradução © 2017 by Edipro Edições Profissionais Ltda.

Todos os direitos reservados. Nenhuma parte deste livro poderá ser reproduzida ou transmitida de qualquer forma ou por quaisquer meios, eletrônicos ou mecânicos, incluindo fotocópia, gravação ou qualquer sistema de armazenamento e recuperação de informações, sem permissão por escrito do editor.

Grafia conforme o novo Acordo Ortográfico da Língua Portuguesa.

1ª edição 2017

Editores: Jair Lot Vieira e Maíra Lot Vieira Micales
Coordenação editorial: Fernanda Godoy Tarcinalli
Coordenação do Projeto "Questões disputadas": Bernardo Veiga
Tradução, edição e notas: Paulo Faitanin e Bernardo Veiga
Editoração: Alexandre Rudyard Benevides
Revisão: Ângela Moraes
Diagramação e Arte: Ana Laura Padovan

Dados Internacionais de Catalogação na Publicação (CIP)
(Câmara Brasileira do Livro, SP, Brasil)

Tomás de Aquino, 1225-1274.

    Os anjos: quaestiones disputatae de veritate: questões 8 e 9 / Tomás de Aquino; tradução, edição e notas Paulo Faitanin, Bernardo Veiga. – São Paulo: EDIPRO, 2017.
(Série Questões disputadas).

    Título original: Quaestiones disputatae de veritate: De Cognitione Angelorum et De communicatione scientiae angelicae per illuminationes et locutiones, quaestio 8 et quaestio 9.
    Bibliografia.
    ISBN 978-85-521-0004-1

    1. Anjos – Obras anteriores a 1800 2. Filosofia – Obras anteriores a 1800 I. Faitanin, Paulo. II. Veiga, Bernardo. III. Título.

17-06308   CDD-189.4

Índice para catálogo sistemático:
1. Tomás de Aquino : Filosofia medieval : 189.4

edipro

São Paulo: (11) 3107-4788 • Bauru: (14) 3234-4121
www.edipro.com.br • edipro@edipro.com.br
@editoraedipro   @editoraedipro

Sumário

Apresentação	13
Introdução	21

Os anjos

Questão 8 O conhecimento dos anjos	43
Proêmio	45
Artigo 1 E, primeiro, pergunta-se se os anjos veem a Deus por essência	49
Artigo 2 Segundo, pergunta-se se o intelecto do anjo ou o do homem bem-aventurado compreendem a essência divina	63

Artigo 3 — 73
Terceiro, pergunta-se
se o anjo, pelas próprias forças naturais,
poderia ter atingido a visão de Deus por essência

Artigo 4 — 89
Quarto, pergunta-se
se o anjo, vendo a Deus por essência,
conhece todas as coisas

Artigo 5 — 107
Quinto, pergunta-se
se a visão das coisas no Verbo
se realiza por algumas similitudes
das coisas existentes no intelecto angélico

Artigo 6 — 115
Sexto, pergunta-se
se o anjo conhece a si mesmo

Artigo 7 — 125
Sétimo, pergunta-se
se um anjo intelige outro

Artigo 8 — 141
Oitavo, pergunta-se
se o anjo conhece
as coisas materiais por algumas formas
ou por sua essência cognoscente

Artigo 9 — 151
Nono, pergunta-se
se as formas pelas quais os anjos conhecem
as coisas materiais são inatas
ou tomadas das coisas

Artigo 10 — 163
Décimo, pergunta-se
se os anjos superiores têm conhecimento
por formas mais universais
do que os inferiores

Artigo 11 — 171
Décimo primeiro, pergunta-se
se o anjo conhece as coisas singulares

Artigo 12 — 185
Décimo segundo, pergunta-se
se os anjos conhecem as coisas futuras

Artigo 13 — 195
Décimo terceiro, pergunta-se
se os anjos podem saber
as coisas ocultas dos corações

Artigo 14 — 203
Décimo quarto, pergunta-se
se os anjos conhecem
simultaneamente muitas coisas

Artigo 15 — 219
Décimo quinto, pergunta-se
se os anjos conhecem as coisas
discorrendo de uma coisa a outra

Artigo 16 — 231
Décimo sexto, pergunta-se
se nos anjos os conhecimentos
matutino e vespertino
devem ser distintos

Artigo 17 — 243
Décimo sétimo, pergunta-se se o conhecimento angélico é dividido de modo suficiente por matutino e vespertino

Questão 9 — 251
A COMUNICAÇÃO DA CIÊNCIA ANGÉLICA POR ILUMINAÇÕES E LOCUÇÕES

Proêmio — 253

Artigo 1 — 257
E, primeiro, pergunta-se se um anjo ilumina outro

Artigo 2 — 273
Segundo, pergunta-se se um anjo inferior sempre é iluminado por um superior, ou, às vezes, imediatamente por Deus

Artigo 3 — 281
Terceiro, pergunta-se se um anjo, iluminando outro, purifica-o

Artigo 4 — 289
Quarto, pergunta-se se um anjo fala com outro

Artigo 5 — 301
Quinto, pergunta-se se os anjos inferiores falam com os superiores

Artigo 6   309
Sexto, pergunta-se
se é requerida determinada distância local
para que um anjo fale com outro

Artigo 7   315
Sétimo, pergunta-se
se um anjo pode falar com outro,
de maneira que outros
não percebam sua locução

Apresentação

TOMÁS DE AQUINO [1225-1274], filósofo e teólogo dominicano, escreveu diversas obras e, entre as mais importantes, contamos as famosas *Questões Disputadas*, fruto de uma metodologia original e própria da atividade acadêmica da universidade medieval. Delas derivam as mais célebres contribuições do tomismo para a Filosofia e a Teologia. Neste método medieval, Tomás inicia com uma pergunta [questão] e a desenvolve em artigos. Cada questão disputada pode conter diversos artigos. Cada artigo considera uma parte da questão mediante uma pergunta, estando composto por argumentos pró e contra e uma conclusão, na qual aparece a resposta do autor à pergunta elaborada na forma de artigo, que, por sua vez, compõe a questão. Em cada artigo Tomás procede da seguinte maneira: ante a pergunta proposta em um artigo da questão, ele a afirma ou nega, expondo em contrário diversos argumentos. Em seguida, toma um ou mais argumentos fortes, que são contrários àqueles diversos raciocínios que se seguiram à pergunta inicial. Então, logo após esses argumentos, ele inicia uma resposta, em conformidade com o que pretende demonstrar, escrevendo no corpo do artigo uma conclusão, que é simultaneamente resposta à pergunta feita inicialmente, e termina esclarecendo as dificuldades ou contradições dos primeiros argumentos expostos.

A editora *Edipro* continua a empreitada de publicar uma série de textos inéditos, editados em vernáculo, em edição simples, acessível, com breve introdução descritiva e notas à tradução, com o intuito de pouco ou quase nada interferir na obra, deixando o leitor com o mínimo necessário para ele mesmo ir diretamente ao texto de Tomás. A intenção é divulgar não só entre o público acadêmico, mas entre os diversos admiradores do tomismo, as principais ideias do autor contidas nas referidas *Questões Disputadas*. Neste espírito se desenvolve o projeto *Questões Disputadas*. Este projeto é coordenado por Bernardo Veiga, doutor em Filosofia pela UFRJ. Este livro é uma edição e tradução do Prof. Dr. Paulo Faitanin (UFF) e de Bernardo Veiga.

Este projeto não seria possível sem a cooperação do Prof. Dr. Enrique Alarcón (Universidad de Navarra/Espanha), presidente da *Fundación Tomás de Aquino*, detentora dos direitos de cópia dos textos latinos e mantenedora do *Corpus Thomisticum* [<www.corpusthomisticum.org>]. O estimado professor Alarcón há muito colabora com a *Revista Aquinate* [<www.aquinate.com.br>] e a ele agradecemos por nos conceder a permissão para pesquisar e utilizar como base para as traduções a edição latina dos textos contidos no *Corpus*. O texto vertido para o vernáculo também foi cotejado com outras versões, por sinal todas muito úteis para considerar as soluções propostas para certas passagens de difícil compreensão e tradução. Para a configuração das notas de rodapé foi considerado, quando se fez necessário, o aparato bibliográfico das referidas edições latinas do texto e das versões consultadas.

Apresentamos a tradução inédita em português das questões 8 e 9 das *Quaestiones disputatae De Veritate*, nomeada

Os anjos, disposta em 24 artigos. Esta obra é autêntica[1] e data dos três anos do primeiro período de ensino magistral de Tomás em Paris, 1256-1259.[2] Nesta obra, Tomás investiga a natureza do conhecimento dos anjos (*quaestio* 8) e da comunicação da ciência angélica por iluminações e locuções (*quaestio* 9).

Fontes e repertórios bibliográficos

Outras traduções

Foram consultadas as seguintes versões: TOMÁS DE AQUINO, *De Veritate, Cuestión 8. El conocimiento de los ángeles*. Introducción, traducción y notas de Ángel Luis González y Juan Fernando Sellés. Pamplona: Cuadernos de Anuario Filosófico 161, 2003; SAN TOMMASO D'AQUINO, *Le Questioni Disputate*. Testo latino di S. Tommaso e traduzione italiana. Volume Primo. La Verità. (De Veritate). Questioni 1-9. Bologna: ESD, 1992; SAINT THOMAS D'AQUIN, *De Veritate. Les vingt-neuf questions disputées sur la vérité* (1256-1259). Philosophie et Théologie. Traduction par le frère André Aniorté, O.S.B., moine de l'Abbaye sainte Madeleine du Barroux, 2005-2008. Version Bilingue Latin/Français. Deuxième édition numérique août 2012 [<http://docteurangelique.free.fr>]; THOMAS AQUINAS, *Truth. Quaestiones Disputatae De Veritate*. Questions 1-9. Translated by Robert W. Schmidt, S.J. Chicago: Henry Ragnery Company, 1952. Edição em HTML por Joseph Kenny, O.P. [<http://dhspriory.org/thomas/QDdeVer.htm>]. Com relação às referências bíblicas da vulgata latina encontradas no corpo do texto, valemo-nos da *Bíblia de Jerusalém*

---

1. MANDONNET, P. O.P. *Des écrits authentiques de S. Thomas d'Aquin*. Seconde édition revue et corrigée. Fribourg (Suisse): Imprimerie de l'oeuvre de Saint--Paul, 1910. p. 30; 106; GRABMANN, M. *Die Werke des hl. Thomas von Aquin*. Münster Westf.: Aschendorffsche Verlagsbuchhandlung, 1949. p. 307.
2. TORRELL, J.-P. O.P. *Iniciação a Santo Tomás de Aquino. Sua pessoa e obra*. Tradução Luiz Paulo Rouanet. São Paulo: Edições Loyola, 1999. p. 71-2; 389-90.

[Paulus, 2002] para indicá-las, trazendo à luz possíveis esclarecimentos, quando assim for exigido.

Notas

Buscou-se, também, sempre que possível, confrontar os textos dos padres da Igreja citados por Tomás e encontrados nas Patrologias grega e latina. Para esse fim, de um modo geral, tivemos em conta os textos da Patrologia Latina (PL) e da Patrologia Grega (PG) da edição de Migne, disponíveis no site <http://www.documentacatholicaomnia.eu/25_Migne.html>. Para buscar as referências mais detalhadas das obras de Santo Agostinho, consultamos a excelente ferramenta de busca encontrada no site <http://www.augustinus.it/latino/index.htm/>. Ainda assim, quando necessário, pesquisamos a seguinte edição de obras gregas e latinas de diversos autores <http://www.perseus.tufts.edu/hopper/>. Para as obras de ARISTÓTELES e AVERRÓIS foram consultadas as seguintes edições: *Aristotelis Opera* [Ed. Immanuel Bekker. Berlin: Walter de Gruyter & Socios, 1960; AVERROES CORDUBENSIS, *In Aristotelis Opera cum Averrois Cordubensis in eosdem commentariis*. Venetiis: Apud Junctas, 1562-1574 (reimp. Frankfurt, 1962)]. Essas e outras obras, como as de Avicena, de Porfírio e de Boécio, foram consultadas em suas edições mais clássicas no seguinte site <http://capricorn.bc.edu/siepm/books.html>. Com relação aos outros autores islâmicos e judeus, citaremos as edições mais usuais. Para as referências de outras obras de Tomás de Aquino, que incluímos em nossa tradução, para uma melhor fundamentação das ideias expostas no corpo do artigo, usamos as seguintes edições impressas das obras de Tomás de Aquino: TOMÁS DE AQUINO, *Suma Teológica*. Coordenação geral da tradução de Carlos-Josaphat Pinto de Oliveira, O.P., v. I-IX. São Paulo: Edições Loyola, 2001-2006; TOMÁS DE AQUINO, *Suma Contra os Gentios*. Tradução de Dom Odilão Moura, O.S.B., v. I-II. Porto

Alegre: Edipucrs/Est, 1990-1996; SANCTI THOMAE DE AQUINO, *Opera omnia iussu Leonis XIII P.M. edita, t. 22* 3/1. *Quaestiones disputatae De Veritate*. Roma: Ad Sanctae Sabinae/ Editori di San Tommaso, 1972; SANCTI THOMAE AQUINATIS, *In decem libros Ethicorum Aristotelis ad Nicomachum expositio*. Editio tertia. Cura et studio P. Fr. Raymundi M. Spiazzi, O.P. Taurini: Marietti, 1964; SANCTI THOMAE AQUINATIS, *Opera Omnia*. Iussu impensaque Leonis XIII. Tomus 3: *Commentaria in Libros Aristotelis De Caelo et Mundo*. Romae: Ex Typographia Polyglotta, 1886; SANCTI THOMAE AQUINATIS, *Opera Omnia*. Iussu impensaque Leonis XIII. Tomus 48 A: *Sententia libri Politicorum*. Romae: Ad Sanctae Sabinae, 1971; SANCTI THOMAE AQUINATIS, *Opera Omnia*. Tomus 6: *Commentum in quatuor libros Sententiarum*. Parmae: Typis Petri Fiaccadori, 1856; SANCTI THOMAE AQUINATIS, *In octo libros Physicorum Aristotelis expositio*. Cura et studio P. M. Maggiòlo, O.P. Taurini: Marietti, 1965; SANCTI THOMAE AQUINATIS, *In Metaphysicam Aristotelis commentaria*. Cura et studio P. Fr. M.-R. Cathala. Taurini: Marietti, 1915; SANCTI THOMAE AQUINATIS, *In Aristotelis librum De anima commentarium*. Editio tertia. Cura et studio P. F. A. M. Pirotta. Taurini: Marietti, 1948; SANCTI THOMAE AQUINATIS, *In librum Beati Dionysii De divinis nominibus expositio*. Cura et studio C. Pera, P. Caramello, C. Mazzantini. Taurini-Romae: Marietti, 1950.

Rodolfo Petrônio
Professor adjunto do
departamento de filosofia da UNIRIO

Introdução

Nossa intenção é brevemente expor e analisar a contribuição de Tomás de Aquino [1225-1274] sobre as questões sobre *os anjos* tratada em sua obra *De Veritate*,[1] questões 8 e 9, estruturadas em 24 artigos,[2] como introdução à edição monolíngue que é aqui publicada. Com este breve estudo, pretendemos auxiliar o leitor mostrando algumas noções básicas da visão de Tomás sobre os anjos, explicar o método das *Questões Disputadas* e expor resumidamente cada artigo dessas duas questões.

---

1. Sobre a data da sua composição e acerca do seu conteúdo doutrinal, assim se expressou Torrell: "As questões disputadas De veritate datam dos três anos do primeiro período de ensino magistral de Tomás em Paris, de 1256 a 1259... Podemos aí perceber dois grandes blocos: a verdade e o conhecimento (qq. 1-20), o bem e o apetite pelo bem (qq. 21-29)", p. 389-90. Cfr. TORRELL, J.-P. O.P. *Iniciação a Santo Tomás de Aquino. Sua pessoa e sua obra*. Tradução Luiz Paulo Rouanet. São Paulo: Edições Loyola, 1999.

2. São 17 artigos contidos na questão 8, sobre o conhecimento dos anjos (*De Cognitione Angelorum*) e 7 artigos contidos na questão 9, sobre a comunicação da ciência angélica por iluminações e por locuções (*De communicatione scientiae angelicae per illuminationes et locutiones*).

1. Os anjos

Tomaremos aqui como guia a exposição apresentada na *Suma Teológica*, na parte sobre os anjos, na primeira parte, q. 50-64.[3] Estas questões tratam, ainda que de modo resumido, das questões gerais sobre a natureza dos anjos, enquanto as questões do *De Veritate* 8 e 9 investigam de modo mais detalhado as noções do conhecimento e da comunicação dos anjos. Dessa forma, o leitor poderá ficar mais familiarizado com os fundamentos da natureza angélica, para compreender melhor a exposição do Aquinate sobre as questões apresentadas nesta tradução.

Segundo Tomás, os anjos são seres totalmente incorpóreos,[4] incorruptíveis por natureza;[5] não são compostos de matéria e forma,[6] de modo que cada um esgota a sua espécie, sem que haja dois anjos da mesma espécie.[7] Eles são constituídos de uma multidão imensa, superando toda multidão material.[8] Não têm corpos naturalmente unidos a eles,[9] mas podem assumir corpos,[10] ainda que não possam realizar as operações próprias dos seres vivos.[11]

---

3. Além das questões específicas da natureza angélica, as questões 103-119 da primeira parte da *Suma Teológica* tratam do governo divino e especialmente as questões 106-114 tratam dos anjos com relação a esse governo. Também temos ciência de que particularmente as questões 106 e 107 possuem paralelo com alguns artigos do *De Veritate*, questão 9. Contudo, consideramos aqui mais importante expor a fundamentação da natureza angélica (nas questões 50-64), como base metafísica para a exposição desta tradução.
4. TOMÁS DE AQUINO, *STh.*, I, q. 50, a. 1, resp.
5. TOMÁS DE AQUINO, *STh.*, I, q. 50, a. 5, resp.
6. TOMÁS DE AQUINO, *STh.*, I, q. 50, a. 2, resp.
7. TOMÁS DE AQUINO, *STh.*, I, q. 50, a. 4, resp.
8. TOMÁS DE AQUINO, *STh.*, I, q. 50, a. 3, resp.
9. TOMÁS DE AQUINO, *STh.*, I, q. 51, a. 1, resp.
10. TOMÁS DE AQUINO, *STh.*, I, q. 51, a. 2, resp.
11. TOMÁS DE AQUINO, *STh.*, I, q. 51, a. 3, resp.

Eles estão em um lugar de modo diferente do que os seres de natureza corporais, pois estes estão em um lugar enquanto se aplica a quantidade dimensiva do corpo, porém os anjos a quantidade virtual, de maneira que os anjos estão onde eles aplicam o seu poder.[12] Por isso, eles só podem estar em um lugar de cada vez, conforme a atuação da potência finita deles;[13] e, nesse lugar em que estão, não pode haver atuação de outro anjo simultaneamente, pois "duas causas completas não podem causar imediatamente uma só e mesma coisa".[14] Eles podem se mover localmente de modo não necessariamente contínuo,[15] passando ou não pelos espaços intermediários,[16] na sucessão de instantes.[17]

Eles não são sua intelecção,[18] nem esta é seu existir,[19] nem sua potência intelectiva é sua essência, que convém apenas a Deus.[20] Não têm distinções como a nossa de intelecto agente e possível,[21] mas possuem intelecto e vontade.[22] O anjo não pode conhecer todas as coisas por sua essência,[23] mas conhece naturalmente pelas espécies infundidas por Deus neles,[24] e entre eles há hierarquia, de modo que "quanto mais superior for o anjo, tanto por menos espécies poderá apreender a universalidade das coisas

---

12. TOMÁS DE AQUINO, *STh.*, I, q. 52, a. 1, resp.
13. TOMÁS DE AQUINO, *STh.*, I, q. 52, a. 2, resp.
14. TOMÁS DE AQUINO, *STh.*, I, q. 52, a. 3, resp.
15. TOMÁS DE AQUINO, *STh.*, I, q. 53, a. 1, resp.
16. TOMÁS DE AQUINO, *STh.*, I, q. 53, a. 2, resp.
17. TOMÁS DE AQUINO, *STh.*, I, q. 53, a. 3, resp.
18. TOMÁS DE AQUINO, *STh.*, I, q. 54, a. 1, resp.
19. TOMÁS DE AQUINO, *STh.*, I, q. 54, a. 2, resp.
20. TOMÁS DE AQUINO, *STh.*, I, q. 54, a. 3, resp.
21. TOMÁS DE AQUINO, *STh.*, I, q. 54, a. 4, resp.
22. TOMÁS DE AQUINO, *STh.*, I, q. 54, a. 5, resp.
23. TOMÁS DE AQUINO, *STh.*, I, q. 55, a. 1, resp.
24. TOMÁS DE AQUINO, *STh.*, I, q. 55, a. 2, resp.

inteligíveis".[25] Além disso, ao inteligir, um anjo pode conhecer a si mesmo,[26] conhecer as espécies inteligíveis pelas razões impressas nele[27] e pode ter algum conhecimento natural de Deus, ainda que como por um espelho.[28]

Com relação às coisas materiais, eles as conhecem pelas espécies colocadas por Deus em seus intelectos.[29] E também nelas conhecem as coisas singulares, em si mesmas, semelhantemente a Deus, mas de modo imperfeito, pois eles as recebem da própria essência divina.[30] Contudo, eles não conhecem as coisas futuras, a não ser nas causas determinadas ou inclinadas no presente,[31] nem conhecem os pensamentos da interioridade humana, manifestos só a Deus,[32] nem naturalmente conhecem os mistérios da graça, a não ser pela glória divina dos bem-aventurados.[33]

Sobre o modo do conhecimento deles, nunca está em potência com relação ao que é possível de se estender seu intelecto, nem em potência ao que vê no Verbo e nas coisas no Verbo, nos anjos bem-aventurados, pois ali está em ato, mas pode estar em potência com relação ao conhecimento natural, que nem sempre o considera em ato.[34] Por esse conhecimento dos anjos bons mediante o que veem no Verbo, conhecem as coisas simultaneamente, mas naturalmente só podem conhecer simultaneamente as coisas que

---

25. TOMÁS DE AQUINO, *STh.*, I, q. 55, a. 3, resp.
26. TOMÁS DE AQUINO, *STh.*, I, q. 56, a. 1, resp.
27. TOMÁS DE AQUINO, *STh.*, I, q. 56, a. 2, resp.
28. TOMÁS DE AQUINO, *STh.*, I, q. 56, a. 3, resp.
29. TOMÁS DE AQUINO, *STh.*, I, q. 57, a. 1, resp.
30. TOMÁS DE AQUINO, *STh.*, I, q. 57, a. 2, resp.
31. TOMÁS DE AQUINO, *STh.*, I, q. 57, a. 3, resp.
32. TOMÁS DE AQUINO, *STh.*, I, q. 57, a. 4, resp.
33. TOMÁS DE AQUINO, *STh.*, I, q. 57, a. 5, resp.
34. TOMÁS DE AQUINO, *STh.*, I, q. 58, a. 1, resp.

conhecem em uma espécie.[35] E não conhecem como nós, discursivamente,[36] por composição e divisão.[37] E nem pode haver erro ou falsidade no intelecto dos anjos, a não ser nos demônios quando emitem juízos que excedem a capacidade da natureza deles.[38] Sobre os anjos bons, Tomás toma de Agostinho a distinção de conhecimento matutino, como o conhecimento das coisas enquanto estão no Verbo, e de vespertino, o conhecimento delas enquanto um conhecimento do ser criado na própria natureza.[39]

Os anjos, como vimos, têm vontade,[40] que, como em qualquer criatura de vontade, distingue-se do intelecto.[41] E, por consequência de ter intelecto e vontade, possuem livre-arbítrio,[42] porém não têm o irascível, nem o concupiscível, mas apenas o apetite intelectivo, isto é, vontade.[43] O anjo também tem um amor natural[44] e eletivo,[45] e, enquanto ama com o apetite natural, há o amor natural, e enquanto há eleição, há amor eletivo.[46] Com amor natural ama a outro, enquanto coincide com sua natureza, e enquanto não coincide com ela, não ama com amor natural.[47] E com relação a Deus, ama-o mais que a si mesmo, e a partir disso a caridade irá aperfeiçoar esse amor, não destruí-lo.[48]

---

35. TOMÁS DE AQUINO, *STh.*, I, q. 58, a. 2, resp.
36. TOMÁS DE AQUINO, *STh.*, I, q. 58, a. 3, resp.
37. TOMÁS DE AQUINO, *STh.*, I, q. 58, a. 4, resp.
38. TOMÁS DE AQUINO, *STh.*, I, q. 58, a. 5, resp.
39. TOMÁS DE AQUINO, *STh.*, I, q. 58, a. 6, resp.
40. TOMÁS DE AQUINO, *STh.*, I, q. 59, a. 1, resp.
41. TOMÁS DE AQUINO, *STh.*, I, q. 59, a. 2, resp.
42. TOMÁS DE AQUINO, *STh.*, I, q. 59, a. 3, resp.
43. TOMÁS DE AQUINO, *STh.*, I, q. 59, a. 4, resp.
44. TOMÁS DE AQUINO, *STh.*, I, q. 60, a. 1, resp.
45. TOMÁS DE AQUINO, *STh.*, I, q. 60, a. 2, resp.
46. TOMÁS DE AQUINO, *STh.*, I, q. 60, a. 3, resp.
47. TOMÁS DE AQUINO, *STh.*, I, q. 60, a. 4, resp.
48. TOMÁS DE AQUINO, *STh.*, I, q. 60, a. 5, resp.

Quanto à criação deles, são criados por Deus,[49] não desde a eternidade, pois apenas Deus é eterno, segundo a fé católica,[50] e sim junto com o mundo corpóreo.[51] E eles presidem todas as criaturas para o governo divino.[52]

E com relação à bem-aventurança, eles não foram criados nela.[53] Foram criados em estado de graça,[54] e necessitaram dela para se converter a Deus.[55] Eles mereceram a bem-aventurança pela graça,[56] após seu primeiro ato de caridade;[57] e, atingindo-a, não podem mais pecar,[58] nem progredir mais.[59] E os que tiveram melhores bens naturais, também receberam maiores graças e, se corresponderam a ela, tiveram glória mais perfeita;[60] e esses bens naturais também permanecem no estado de glória.[61]

E quanto ao mal de culpa, ele existe em determinados anjos, não por natureza,[62] mas porque não quiseram seguir a vontade divina,[63] de modo que o pecado deles se dá no âmbito espiritual com a soberba e a inveja.[64] Além disso, o Diabo, que era o maior

---

49. TOMÁS DE AQUINO, *STh.*, I, q. 61, a. 1, resp.
50. TOMÁS DE AQUINO, *STh.*, I, q. 61, a. 2, resp.
51. TOMÁS DE AQUINO, *STh.*, I, q. 61, a. 3, resp.
52. TOMÁS DE AQUINO, *STh.*, I, q. 61, a. 4, resp.
53. TOMÁS DE AQUINO, *STh.*, I, q. 62, a. 1, resp.
54. TOMÁS DE AQUINO, *STh.*, I, q. 62, a. 3, resp.
55. TOMÁS DE AQUINO, *STh.*, I, q. 62, a. 2, resp.
56. TOMÁS DE AQUINO, *STh.*, I, q. 62, a. 4, resp.
57. TOMÁS DE AQUINO, *STh.*, I, q. 62, a. 5, resp.
58. TOMÁS DE AQUINO, *STh.*, I, q. 62, a. 8, resp.
59. TOMÁS DE AQUINO, *STh.*, I, q. 62, a. 9, resp.
60. TOMÁS DE AQUINO, *STh.*, I, q. 62, a. 6, resp.
61. TOMÁS DE AQUINO, *STh.*, I, q. 62, a. 7, resp.
62. TOMÁS DE AQUINO, *STh.*, I, q. 63, a. 4, resp.
63. TOMÁS DE AQUINO, *STh.*, I, q. 63, a. 1, resp.
64. TOMÁS DE AQUINO, *STh.*, I, q. 63, a. 2, resp.

dos anjos superiores,[65] quis ser igual a Deus, por querer ser feliz pelas próprias forças.[66] Este se tornou mau não no momento de sua criação,[67] mas logo após, no instante seguinte;[68] e com seu pecado induziu muitos outros anjos a pecar,[69] mas em um número menor do que os que foram fiéis a Deus.[70] E sobre as penas dos demônios, eles perderam parte do conhecimento que tinham pela graça e foram totalmente privados do que tinham do conhecimento afetivo para o amor a Deus e da própria caridade.[71] Dessa forma, os demônios têm a vontade obstinada no pecado[72] e sentem dor porque "estão privados da felicidade natural que podem desejar, e em muitos deles se encontra inibida sua vontade pecadora".[73] E, para as suas penas, seus lugares é ou o inferno, ou a atmosfera tenebrosa.[74] E esse é um resumo sobre a natureza dos anjos.

2. Breve explicação do método das *Questões Disputadas*

O que são as Questões Disputadas? Durante a Escolástica, principalmente nas universidades do século XIII, os professores, para o desempenho de suas atividades acadêmicas, compunham,

---

65. Tomás toma essa opinião como a mais provável. (TOMÁS DE AQUINO, *STh.*, I, q. 63, a. 7, resp.)
66. TOMÁS DE AQUINO, *STh.*, I, q. 63, a. 3, resp.
67. TOMÁS DE AQUINO, *STh.*, I, q. 63, a. 5, resp.
68. Tomás toma essa opinião como a mais provável. (TOMÁS DE AQUINO, *STh.*, I, q. 63, a. 6, resp.)
69. TOMÁS DE AQUINO, *STh.*, I, q. 63, a. 8, resp.
70. TOMÁS DE AQUINO, *STh.*, I, q. 63, a. 9, resp.
71. TOMÁS DE AQUINO, *STh.*, I, q. 64, a. 1, resp.
72. TOMÁS DE AQUINO, *STh.*, I, q. 64, a. 2, resp.
73. TOMÁS DE AQUINO, *STh.*, I, q. 64, a. 3, resp.
74. TOMÁS DE AQUINO, *STh.*, I, q. 64, a. 4, resp.

mediante exaustivas pesquisas, suas obras para serem lidas e analisadas em suas aulas, no exercício da docência.

Para compô-las, os professores utilizavam diferentes métodos: comentar, expor, reunir sentenças, fazer sumas etc., cada qual com uma finalidade própria, mas todas para atender as duas formas mais usuais de ensino: a *lectio*, que consistia na leitura e comentário de um texto e a *disputatio*, que consistia na disputa de uma *quaestio*.[75]

Uma *quaestio* pode estar relacionada a muitas outras questões, derivadas dela. Este é o caso da questão sobre a Verdade, que leva consigo muitas outras questões relativas ao tema. Por essa razão, o tema sobre a verdade – *De veritate* – reúne sobre si muitas questões – *Quaestiones* – que ao longo da exposição do tema serão examinadas ou disputadas – *Disputatae* – com muitos argumentos que se possam aduzir *contra e pro* (pró), seguida de uma proposta de solução. Esta é a explicação para o nome desta obra: *Quaestiones Disputatae De Veritate*, em cujas questões 8 e 9, estruturadas em 24 artigos, em que cada artigo reúne argumentos *pro* e *contra*, disputa-se a questão sobre os anjos.

Cada título de artigo da questão em jogo era proposto em forma de pergunta, por exemplo: *os anjos veem a Deus por essência?* Seguia-se à pergunta uma proposta de resposta contrária ao que se queria demonstrar, ou seja, uma resposta do tipo: *Parece que não*.

Propunham isso para dar lugar primeiro aos argumentos contrários à pergunta, e tais argumentos contrários eram denominados objeções. Antes de proporem uma solução à pergunta feita, eram sugeridos alguns poucos argumentos contrários às objeções e a favor de uma resposta afirmativa, como no exemplo acima, à pergunta que intitula o artigo. Logo depois, propunha-se uma resposta, às vezes breve, outras vezes longa, que solucionava a pergunta. E, por fim, respondia-se a cada uma das objeções.

---

75. ABBAGNANO, N. *História da Filosofia*. Lisboa: Editorial Presença, 1999. v. 3, p. 9.

Os argumentos *pro* e *contra* que constituíam um artigo eram estruturados silogisticamente, a partir de um raciocínio aparentemente verdadeiro que era retirado da obra de alguma autoridade, fosse filosófica, teológica ou mesmo a Bíblia. Em geral, eram silogismos compostos por três premissas: a maior, a menor e a conclusão. Em cada argumento, no geral, era citada a fonte, exceto se fosse de conhecimento comum. Mas, ainda assim, era comum citar a fonte mesmo se ela fosse bem conhecida.

3. Exposição resumida dos artigos das questões sobre os anjos

Questão 8

A questão 8, do conhecimento dos anjos, começa assim: *Os anjos veem a Deus por essência?* Neste primeiro artigo, os argumentos *contra* defendem que não. Alguns defendem, por exemplo, que não seria possível ver a Deus como Ele é, destacando a consideração da essência divina, conforme Deus mesmo a considera.

Na resposta ao artigo, Tomás afirma que o anjo vê a Deus por essência, de modo que a essência divina se relaciona com o intelecto do anjo como forma. Ela, mesmo tendo o ser distinto do intelecto do anjo, "torna-se, porém, como sua forma no ato de inteligir".[76]

O intelecto do anjo ou o do homem bem-aventurado compreendem a essência divina? Neste segundo artigo, os argumentos *contra* defendem que sim. O argumento 1, por exemplo, enfatiza a simplicidade da essência divina, por isso, quem a vê a compreenderia totalmente.

O argumento 3 *pro* afirma que seria impossível compreender a Deus, uma vez que ele é infinito. Na solução do artigo, o Aqui-

---

76. TOMÁS DE AQUINO, *De Ver*., q. 8, a. 1, resp.

nate diz que compreender é "como apreender simultaneamente por todas as partes, que é tê-lo incluso totalmente".[77] Contudo, não é possível que o anjo compreenda a essência divina, porque ela não está perfeitamente sob seu conhecimento, pois o excede.

O anjo pelas forças naturais poderia ter atingido a visão de Deus por essência? Neste terceiro artigo, os argumentos *contra* argumentam que sim. No argumento 16, por exemplo, diz que há conformidade natural entre o intelecto de Deus e o do anjo, e por isso este poderia ver a essência daquele.

O argumento 3 *pro* diz que como a essência divina excede os limites da natureza criada, nenhum conhecimento natural pode atingir a essência divina. Na solução do artigo, Tomás diz que o conhecimento natural que o anjo pode ter de Deus é pela própria substância do anjo, como forma criada, não a visão da própria essência divina. E essa visão se dá com a luz da glória.[78]

O anjo, vendo a Deus por essência, conhece todas as coisas? Neste quarto artigo, os argumentos *contra* sustentam que sim. No argumento 1 se diz isso, porque todas as coisas estão no Verbo. No argumento 11, destaca-se a simplicidade de Deus, pois, ao conhecê-lo, todas as coisas seriam conhecidas.

Na resposta, Tomás afirma que assim como os anjos não compreendem a Deus, não veem todas as coisas, não alcançam de modo perfeito a causa das coisas. Assim, os que veem a essência divina veem semelhante ao modo como os efeitos estão na causa, não como as imagens em um espelho. Então, há gradação de conhecer os efeitos que podem ser realizados por Deus, sem que se conheça plenamente como Deus conhece.

A visão das coisas no Verbo se realiza por algumas similitudes das coisas existentes no intelecto angélico? Neste quinto artigo, os argumentos *contra* sustentam que sim. No argumento 3, por

---

77. TOMÁS DE AQUINO, *De Ver.*, q. 8, a. 2, resp.
78. TOMÁS DE AQUINO, *De Ver.*, q. 8, a. 3, sol.10.

exemplo, diz-se que a graça não destrói a natureza, mas a aperfeiçoa. Por isso, o conhecimento da glória seria algo aperfeiçoado, mantendo o modo do conhecer natural, do conhecimento por algumas espécies.

O artigo *pro* 1 afirma que as coisas que estão em Deus também são Deus, de modo que o anjo, ao ver a Deus, não vê as similitudes das coisas, mas o próprio Deus. E na resposta complementa isso, dizendo que a essência de Deus é similitude de tudo, e por isso o anjo vê as coisas a partir da própria essência divina.

O anjo conhece a si mesmo? Neste sexto artigo, os argumentos *contra* apontam que não. Diz-se, no argumento 4, que o anjo não pode inteligir a si mesmo por sua essência, pois isso só conviria a Deus.

O argumento *pro* 1 afirma que se a nossa alma, que é uma potência inferior à potência do anjo, consegue conhecer a si mesma, também o anjo deveria conhecer a si mesmo. Na resposta, o Aquinate diz que o intelecto do anjo tem sua essência presente diante dele como ato, e pode inteligir sua essência por sua essência, não por uma similitude.

Um anjo intelige outro? Neste sétimo artigo, os argumentos *contra* defendem que não. No artigo 10, por exemplo, diz que se um anjo conhecesse todos os outros, sua essência seria a razão própria deles, o que antes conviria só a Deus.

Na resposta, Tomás diz que, sem dúvida, um anjo conhece outro. Isso se dá por similitudes existentes no seu intelecto por impressão divina no momento de sua criação; e desse modo também conhece as coisas materiais por esse tipo de similitude.

O anjo conhece as coisas materiais por algumas formas, ou por sua essência cognoscente? Neste oitavo artigo, os argumentos *contra* mostram que conhece por sua essência. No artigo 3, por exemplo, compara a luz do intelecto do anjo com a do nosso intelecto agente, que é parte de nossa alma e seria ato de todas as coisas inteligíveis, e por ele conhecemos as coisas. De modo semelhante, também poderia ser aplicado ao anjo, que conheceria as coisas pela luz da sua essência.

Na resposta, Tomás diz que os anjos conhecem as coisas materiais por similitudes delas colocadas por Deus. E na resposta ao argumento 3 apresentado anteriormente, o Aquinate diz que o intelecto agente é o princípio ativo do conhecimento, "pois com o intelecto agente não são conhecidas todas as coisas como uma similitude suficiente para conhecer todas as coisas".[79]

As formas pelas quais os anjos conhecem as coisas materiais são inatas, ou tomadas das coisas? Neste nono artigo, os argumentos *contra* sustentam que não são inatas. O argumento 1, por exemplo, destaca que os anjos não teriam ciência prática, por não serem produtores de coisas práticas, mas apenas teriam ciência especulativa, e essa é tomada das coisas, não é por espécies inatas.

Na resposta do artigo, Tomás diz que os anjos conhecem as coisas materiais por espécies inatas, pois de Deus procedem as formas de tudo que está nas mentes dos anjos para que conheçam as coisas. E ele termina fazendo uma comparação entre o nosso intelecto e o angélico, o nosso é uma tábua na qual – inicialmente – não há nada inscrito – e está aberto ao conhecimento das coisas –, enquanto o do anjo é uma tábua escrita, com as razões das coisas, colocadas por Deus.

Os anjos superiores têm conhecimento por formas mais universais do que os inferiores? Neste décimo artigo, os argumentos *contra* sustentam que não. No argumento 1, por exemplo, diz que o conhecimento do universal seria mais imperfeito do que o conhecimento no particular, o que não conviria aos anjos superiores.

No argumento *pro* 3, destaca que assim como os anjos superiores são mais simples, suas formas também deveriam ser mais simples e mais universais. Na resposta, Tomás afirma que na me-

---

79. TOMÁS DE AQUINO, *De Ver.*, q. 8, a. 8, sol. 3.

dida em que um anjo possui mais ato e menos potência, tanto maior será a sua capacidade cognitiva. Assim, precisa de poucas coisas para operar muitas, de modo que conheça as coisas por formas mais universais do que um anjo inferior.

O anjo conhece as coisas singulares? Neste décimo primeiro artigo, os argumentos *contra* apontam que não. No argumento 3, diz-se que o anjo não pode assimilar o singular enquanto é singular, enquanto este é individualizado pela matéria, não podendo conhecer as coisas na singularidade.

No argumento *pro* 1, Tomás afirma que a custódia dos anjos aos seres humanos implica certo conhecimento dos singulares. Na resposta ao artigo, diz que os anjos conhecem as coisas singulares e universais pelas formas inatas que recebem de Deus.

Os anjos conhecem as coisas futuras? Neste décimo segundo artigo, os argumentos *contra* defendem que sim. O argumento 2 defende que, assim como Deus conhece os futuros contingentes na sua visão eterna, os anjos também os conheceriam pela visão beatífica medida pela eternidade participada.

Na resposta, o Aquinate afirma que os anjos naturalmente não podem conhecer os futuros contingentes, a não ser quando certas coisas são determinadas em suas causas naturais. Dessa forma, eles conhecem antes o presente, na sua determinação para o futuro. E na visão beatífica não conhecem todas as coisas futuras.

Os anjos podem saber as coisas ocultas dos corações? Neste décimo terceiro artigo, os argumentos *contra* defendem que sim. O argumento 4, por exemplo, diz que os anjos conhecem as imagens de nossa imaginação, e que não há conhecimento humano sem elas; logo, também conhecem nossos pensamentos.

Na resposta ao artigo Tomás diz que os anjos não podem conhecer diretamente o que temos no íntimo dos nossos pensamentos, pois apenas Deus pode saber isso, uma vez que tal conhecimento depende da vontade humana, que tem relação apenas com Deus. Contudo, acidentalmente pode conhecer a intenção do coração do homem, enquanto este manifesta sinais do seu interior pelo exterior, com o movimento do corpo, ou quando o estado do que pensa muda para o estado de uma ação exterior boa ou má, e neste caso não se tem um conhecimento específico, mas apenas no geral.

Os anjos conhecem simultaneamente muitas coisas? Neste décimo quarto artigo, os argumentos *contra* defendem que sim. No argumento 3, afirma-se que, assim como o sentido comum humano, que é menos poderoso do que o intelecto angélico, conhece simultaneamente muitas coisas, o anjo, com maior razão, deveria conhecer muitas coisas simultaneamente.

Tomás responde dizendo que em potência ou em hábito todas as coisas podem estar de modo simultâneo no intelecto, mas o intelecto angélico não pode estar simultaneamente em ato perfeito de muitas espécies. Contudo, os anjos inteligem simultaneamente todas as coisas que inteligem por uma só essência do Verbo; mas com as formas inatas não inteligem simultaneamente. Entretanto, podem por uma só forma inteligir simultaneamente as coisas singulares de acordo com essa forma.

Os anjos conhecem as coisas discorrendo de uma coisa a outra? Neste décimo quinto artigo, os argumentos *contra* argumentam que sim. No argumento 4, por exemplo, destaca-se que os demônios, que são anjos, conhecem os pensamentos dos seres humanos a partir dos sinais corporais, e isso de algum modo seria discorrer, então, os anjos também discorreriam, conhecendo de uma coisa a outra.

No argumento 2 *pro*, afirma-se que é próprio do homem conhecer investigando, discorrendo, por ser racional, enquanto o anjo, por ser intelectual, conhece sem discorrer. Na resposta, Tomás diz que o conhecimento do anjo, desde sua criação, é perfeito por meio das formas inatas às quais a sua potência intelectiva se estende, sem precisar discorrer, como uma intuição.

Nos anjos deve-se distinguir os conhecimentos matutino e vespertino? Neste décimo sexto artigo, os argumentos *contra* sustentam que não. No argumento 4, tomam-se vespertino e matutino como um só conhecimento que pertence ao dia, com relação ao anjo, por isso não seria necessária a distinção.

Na resposta ao artigo, o Aquinate afirma que essa distinção foi feita por Agostinho, para esclarecer o conhecimento dos anjos. O conhecimento matutino consiste no anjo conhecer as coisas no Verbo, enquanto está em sua causa, e o conhecimento da coisa nele é chamado vespertino, enquanto conhece por formas adquiridas. Na resposta ao argumento *contra* 6, afirma que primeiro o anjo recebe o conhecimento vespertino, por infusão das coisas criadas, e, depois, se optar por buscar a felicidade por Deus, recebe o conhecimento matutino da glória de contemplar as coisas no Verbo; porém os demônios, por colocarem seus fins em si mesmos, ficam apenas com o conhecimento noturno, sem terem o conhecimento matutino da contemplação divina, nem, em certo sentido, o vespertino.[80]

O conhecimento angélico é dividido de modo suficiente por matutino e vespertino? Neste décimo sétimo artigo, os argumentos *contra* sustentam que não. No argumento 2, por exemplo, diz que, além do conhecimento das coisas no Verbo, o matutino, e o conhecimento das coisas na mente angélica, o vespertino, seria necessário um terceiro tipo de conhecimento, que seria da própria natureza das coisas.

No argumento *pro*, afirma que a distinção de conhecimento matutino se dá pela dupla distinção do conhecimento, enquanto o matutino é um conhecimento incriado, e o vespertino é um

---

80. "O conhecimento da criatura em sua própria natureza é chamado *vespertino*. Embora haja trevas na tarde, há ainda alguma luminosidade, pois a total ausência de luz chama-se noite. Portanto, o conhecimento das coisas em sua própria natureza, quando se refere ao louvor do Criador, como nos anjos bons, possui algo da luz divina, e pode ser chamado de vespertino. Porém, se não se refere a Deus, como nos demônios, não se chama vespertino, mas *noturno*. Donde estar no livro do *Gênesis* que Deus *chamou noite* as trevas que separou da luz." (TOMÁS DE AQUINO, *STh.*, I, q. 64, a. 1, sol. 3)

conhecimento criado, sem que haja intermediário. Na resposta esclarece o argumento *pro*, confirmando que não há intermediário entre os dois, quanto ao aspecto do conhecimento, se se toma o conhecimento incriado pelo matutino e o vespertino pelo criado. Ora, é possível haver dupla razão quanto à noção de matutino e vespertino. Primeira, se se entendem dia e tarde como as partes do dia e o dia como algo que implica a iluminação da graça dos anjos bem-aventurados, é necessário que haja um terceiro conhecimento, que é o natural, das formas inatas colocadas por Deus; segunda, se se considera tarde como certo término da manhã e a manhã como término da tarde, diz-se que só é vespertino o conhecimento que se dirige à manhã, ou ao louvor do Criador; E, nesse sentido, o conhecimento dos demônios não é tido nem como vespertino nem matutino, mas esses seriam apenas o conhecimento que está na graça.

Questão 9

A questão 9, da comunicação da ciência angélica por iluminações e por locuções, começa assim: *um anjo ilumina outro?* Neste primeiro artigo, os argumentos *contra* apontam que não. No argumento 1, por exemplo, destaca-se que apenas Deus poderia iluminar o outro, enquanto certa noção de iluminação da mente.

Nos argumentos 2 e 3 *pro*, é destacada a conveniência da hierarquia para a iluminação, pela autoridade de Pseudo-Dionísio. Na resposta, diz que os anjos se iluminam de modo que um reforce o outro por algo que há no superior. Isso se dá pela ligação do superior com o inferior, pelo intuito do intelecto.

Um anjo inferior sempre é iluminado por um superior, ou às vezes imediatamente por Deus? Neste segundo artigo, os argumentos *contra* defendem que são iluminados imediatamente por Deus. No argumento 4, destaca-se que se uma potência inferior pode algo, também a superior pode. Se um anjo superior é capaz de iluminar um inferior, também Deus pode iluminar os anjos.

Na resposta, o Aquinate defende três razões para que nunca se altere a ordem da iluminação, de modo que sempre um anjo superior, pelo que recebeu de Deus, ilumine outro anjo, que iluminará outro, conforme o governo divino. A primeira, é para que haja maior dignidade nos anjos superiores por iluminarem; a segunda, para que a ordem não seja mudada, assemelhando-se mais à imutabilidade divina; terceira, para que se mantenha a própria ordem da natureza.

Um anjo, iluminando outro, purifica-o? Neste terceiro artigo, os argumentos *contra* mostram que não. O argumento 1, por exemplo, afirma que isso não acontece porque a purificação suporia certa impureza no purificado, o que não há nos anjos.

No argumento *pro*, invoca-se a autoridade de Pseudo-Dionísio, que afirma que os anjos iluminam, purificam e aperfeiçoam. Na resposta, Tomás, além de dizer que os anjos iluminam, diz que eles fazem as três ações citadas, que são conforme a recepção do conhecimento e as distingue. Diz que "a purificação está nos anjos por remoção de insciência (...) [;] os anjos são iluminados enquanto algo é manifesto *por iluminação mais elevada* (...) [e] *são aperfeiçoados pela mesma luz resplandecente das doutrinas*".[81]

Um anjo fala com outro? Neste quarto artigo, os argumentos *contra* sustentam que não. O argumento 4 destaca que seria necessário algum signo sensível para falar, porém os anjos não recebem a ciência das coisas sensíveis por signos e, assim, não haveria locução entre eles.

No argumento *pro* 1, invoca-se a autoridade bíblica da carta de Paulo aos Coríntios (13,1), que fala da língua dos anjos. E se eles têm línguas, há comunicação entre si. No argumento 2, diz-se que aquilo que uma potência inferior pode também o pode a superior. Como nós podemos falar uns com os outros, também os anjos podem falar entre si. Na resposta, Tomás defende que

---

81. TOMÁS DE AQUINO, *De Ver.*, q. 9, a. 3, resp.

há uma locução entre os anjos. Diz que, assim como a vontade do anjo faz com que ele passe para o ato as formas que tinha em hábito, ele também pode fazer com outro, de modo que o ajude a passar as formas do outro que estavam em hábito para o ato, para uma maneira mais perfeita do que estavam. E segundo isso se diz que fala com outro anjo.

Os anjos inferiores falam com os superiores? Neste quinto artigo, os argumentos *contra* sustentam que não. No argumento 4, diz-se que a locução seria certo tipo de iluminação, e por isso os inferiores não falariam aos superiores, porque não iluminariam nada dos superiores.

Na resposta, Tomás diz que pode haver locução sem que haja iluminação – esta, esclarecendo o que foi dito, significa que "o intelecto é reforçado para que conheça algo acima do que conhece".[82] Isso ocorre, a locução sem iluminação, quando alguém fala a outro sem que reforce o inteligir de outro, de coisas indiferentes, como, por exemplo, quando alguém demonstra o que sabe a outro, que também sabe, sem que se produza conhecimento no outro. Nesse sentido, o inferior pode falar com o superior e o inverso, sem que haja iluminação.

Requer-se determinada distância local para que um anjo fale com outro? Neste sexto artigo, os argumentos *contra* apontam que sim. No argumento 2, diz, tomando a autoridade de João Damasceno, que o anjo está onde ele opera, assim, se ele fala, seria necessário que houvesse determinada distância entre ele e o outro.

Na resposta, o Aquinate afirma que a ação decorre do modo do que age. Assim, os anjos, que são espirituais, atuam em conformidade com o modo espiritual. Então, "a ação do intelecto do mesmo de nenhum modo tem proporção com o lugar. E, por isso, como a locução é operação do mesmo intelecto, a distância local ou a proximidade nada faz com relação a ela".[83]

---

82. TOMÁS DE AQUINO, *De Ver.*, q. 9, a. 5, resp.
83. TOMÁS DE AQUINO, *De Ver.*, q. 9, a. 6, resp.

Um anjo pode falar com outro, de maneira que outros não percebam sua locução? Neste sétimo artigo, os argumentos *contra* defendem que não. No argumento 4, por exemplo, expõe-se que, assim como um homem fala e é ouvido por aquele que está próximo do que fala, se tem boa audição, quando um anjo fala a outro, o anjo que está próximo do que fala, segundo a ordem da natureza ou do lugar, também deveria ouvi-lo e não apenas a quem fala.

No argumento *pro*, diz-se que se nós podemos falar algo a outra pessoa sem que uma terceira saiba, assim, também os anjos, que são de uma potência intelectiva superior à nossa, deveriam poder fazer. E na resposta, Tomás diz que, quando um anjo fala a outro, ele o faz por vontade própria, e dessa forma, "se um anjo faz por vontade própria em ato uma espécie segundo o intelecto em ordem a um só anjo, seu discurso é percebido apenas por ele; se, porém, em ordem a muitos, é percebido por muitos".[84]

4. Conclusão

Portanto, os anjos não inteligem pelos sentidos, nem são sua própria essência. Antes, dependem da infusão divina, e são aperfeiçoados pela glória, quando passam a ver a essência divina, sem a compreender plenamente. Dessa forma, os anjos são criaturas espirituais intermediárias entre Deus e os seres humanos, que participam do governo divino.

Assim, Tomás investiga a natureza dos anjos, buscando certa conciliação entre os dados da fé católica e a base metafísica de que dispunha. Aprofundar-se na sua angelologia acaba sendo um ótimo exercício para a sua metafísica, ou melhor, só é possível penetrar na sua concepção angélica se for bem entendida a base filosófica e as verdades da fé.

---

84. TOMÁS DE AQUINO, *De Ver.*, q. 9, a. 7, resp.

A partir disso, é importante evitar duas posições que poderiam ser tidas como extremos *falsos* sobre a noção dos anjos. Ou uma visão materialista que negue a existência de qualquer ser separado da matéria, tanto Deus, quanto os próprios anjos. Ou, por outro lado, uma concepção que aceite a existência dos anjos, mas sem uma sustentação filosófica, como certas visões supersticiosas, que, mesmo que admitam a sua existência, atribuem a eles qualidades ou diretamente contrárias à fé, ou contrárias à própria razão.

Paulo Faitanin e
Bernardo Veiga

Questão 8[*]
O conhecimento dos anjos

---

[*]. Tradução baseada no texto Taurino *Quaestiones disputatae De Veritate, q. 8*, editado em 1953, transferido automaticamente por Roberto Busa, S.J., para fitas magnéticas e de novo revisto e ordenado por Enrique Alarcón. Disponível em: <www.corpusthomisticum.org>.

Proêmio

E, primeiro, pergunta-se se os anjos veem a Deus por essência.

Segundo, pergunta-se se o intelecto do anjo ou o do homem bem-aventurado compreendem a essência divina.

Terceiro, pergunta-se se o anjo, pelas forças naturais, poderia ter atingido a visão de Deus por essência.

Quarto, pergunta-se se o anjo, vendo a Deus por essência, conhece todas as coisas.

Quinto, pergunta-se se a visão das coisas no Verbo se realiza por algumas similitudes das coisas existentes no intelecto angélico.

Sexto, pergunta-se se o anjo conhece a si mesmo.

Sétimo, pergunta-se se um anjo intelige outro.

Oitavo, pergunta-se se o anjo conhece as coisas materiais por algumas formas ou por sua essência cognoscente.

Nono, pergunta-se se as formas pelas quais os anjos conhecem as coisas materiais são inatas ou tomadas das coisas.

Décimo, pergunta-se se os anjos superiores têm conhecimento por formas mais universais do que os inferiores.

Décimo primeiro, pergunta-se se o anjo conhece as coisas singulares.

Décimo segundo, pergunta-se se os anjos conhecem as coisas futuras.

Décimo terceiro, pergunta-se se os anjos podem saber as coisas ocultas dos corações.

Décimo quarto, pergunta-se se os anjos conhecem simultaneamente muitas coisas.

Décimo quinto, pergunta-se se os anjos conhecem as coisas discorrendo de uma coisa a outra.

Décimo sexto, pergunta-se se nos anjos os conhecimentos matutino e vespertino devem ser distintos.

Décimo sétimo, pergunta-se se o conhecimento angélico é dividido de modo suficiente por matutino e vespertino.

Artigo 1
E, primeiro, pergunta-se se os anjos veem a Deus por essência[1]

E parece que não.

---
1. Lugares paralelos: *In II Sent.*, d. 26, a. 1; *CG.* III, c. 150; *STh.* I-II, q. 110, a. 1.

Argumentos[2]

1. Diz-se em Jo 1,18: *ninguém jamais viu a Deus*; sobre o qual diz Crisóstomo:[3] *mas nem as próprias essências celestes, digo os próprios querubins e serafins, podem jamais ver como Deus é.* Ora, qualquer um que vê a Deus por essência, vê o mesmo como é. Logo, o anjo não vê a Deus por essência.

2. Além do mais, sobre o que se diz em Ex 33,11: *o Senhor então falava com Moisés face a face* etc., diz a Glosa: *nenhum dos anjos nem os homens podem jamais ver a substância de Deus como é*; e, assim, o mesmo que antes.

---

2. Na edição Taurini, reproduzida por Enrique Alarcón, não há esta divisão que ora propomos: *Argumenta*. O intuito é orientar o leitor quanto à dinâmica da argumentação da exposição do Aquinate. De igual modo, não há notas de pé de página na referida edição latina.

3. JOÃO CRISÓSTOMO, *In Joh. hom.* 15, n. 1: PG 59, 98.

3. Além do mais, segundo Agostinho,[4] o desejo é de uma coisa que não se tem. Ora, *os anjos desejam ver a Deus*,[5] como se diz em I Pe 1,12. Logo, não veem a Deus por essência.

4. Além do mais, Crisóstomo[6] diz sobre João: *o mesmo que é Deus, não só os profetas, nem os anjos, nem os arcanjos podem ver*; e, assim, o mesmo que antes, porque isso que é Deus é a essência de Deus.

5. Além do mais, tudo o que é visto pelo intelecto é visto por alguma forma. Portanto, se o intelecto do anjo vê a essência divina, é necessário que a veja por alguma forma. Ora, não pode vê-la pela mesma essência divina, porque a forma pela qual o intelecto intelige o faz intelecto em ato; e, assim, é seu ato; e dessa forma é necessário que por ela e pelo intelecto se faça um: o que não pode se dizer da essência divina, que não pode vir como parte na constituição de alguma coisa. Logo, é necessário que o anjo, inteligindo a Deus, veja-O mediante alguma outra forma; e, assim, não O vê por essência.

6. Além do mais, o intelecto deve ser proporcionado ao inteligível, pois o inteligível é a perfeição do que intelige. Ora, não pode haver proporção entre a essência divina e o intelecto angélico, pois distam infinitamente, e não há proporção nisso. Logo, o anjo não pode ver a Deus por essência.

7. Além do mais, ninguém assimila uma coisa senão segundo sua similitude tomada no mesmo. Ora, o intelecto do anjo

---

4. AGOSTINHO, *De Trinitate*, IX, c. 12: PL 42, 971.
5. Optamos por não seguir, neste trecho, a tradução da Bíblia de Jerusalém, para melhor compreensão do argumento.
6. JOÃO CRISÓSTOMO, *Hom.* 15, n. 1: PG 59, 98 B.

que conhece a Deus se assemelha a Ele, pois todo conhecimento é por assimilação. Logo, é necessário que O conheça por similitude, e não por essência.

8. Além do mais, qualquer um que conhece algo por essência conhece o que a coisa é. Ora, como é claro por Dionísio[7] e Damasceno,[8] não se pode saber o que Deus é, mas o que não é. Logo, nenhum intelecto criado pode ver a Deus por sua essência.

9. Além do mais, assim como Dionísio diz na *Epístola a Gaio*:[9] *as trevas são descritas em Deus devido à superabundância da sua claridade; e por isso se oculta toda luz, e todo conhecimento é escondido*. Ora, a claridade divina não só excede o nosso intelecto, mas também o angélico. Logo, a essência da claridade divina se esconde do conhecimento deles.

10. Além do mais, Dionísio argumenta assim no primeiro capítulo do *Sobre os nomes divinos*:[10] todo conhecimento é das coisas existentes. Ora, Deus não é existente, mas superexistente. Logo, não pode ser conhecido senão por um conhecimento superessencial, que é o conhecimento divino.

11. Além do mais, Dionísio diz na *Epístola a Gaio*:[11] *se alguém que vê a Deus inteligiu que viu, não viu o mesmo, mas algo das coisas que são d'Ele*. Logo, Deus não pode ser visto por nenhum intelecto criado.

---

7. PSEUDO-DIONÍSIO, *De caelesti hierarchia*, cap. 2, § 3: PG 3, 140 D.
8. JOÃO DAMASCENO, *De fide*, I, c. 4: PG 94, 800 B.
9. PSEUDO-DIONÍSIO, *Epistola ad Gaium*, 1: PG 3, 1065 A.
10. PSEUDO-DIONÍSIO, *De divinis nominibus*, 68, § 4: PG 3, 593 A.
11. PSEUDO-DIONÍSIO, *De divinis nominibus*, 68, § 4: PG 3, 593 A.

12. Além do mais, quanto mais forte é a visão, tanto mais pode ver algo mais remoto. Logo, o que dista infinitamente não pode ser visto senão por uma visão de infinita potência. Ora, a essência divina dista infinitamente de qualquer intelecto criado. Logo, como nenhum intelecto criado é de potência infinita, nenhum intelecto criado pode ver a Deus por essência.

13. Além do mais, um juízo é requerido para qualquer conhecimento. Ora, o juízo não é senão de um superior sobre um inferior. Logo, como nenhum intelecto é superior à divina essência, nenhum intelecto criado pode ver a Deus por essência.

14. Além do mais, *o juízo*, como diz Boécio,[12] é ato do que julga. Portanto, o que é julgado é relativo ao juízo como passivo. Ora, a essência divina não pode se relacionar a um intelecto criado como uma coisa passiva. Logo, o intelecto criado não pode ver a Deus por essência.

15. Além do mais, tudo aquilo que se vê por essência é atingido pelo intelecto. Ora, ninguém pode atingir isso que dista infinitamente dele. Logo, o intelecto angélico não pode ver a essência de Deus, que dista infinitamente dele.

Ao contrário[13]

1. É o que se diz em Mt 18,10: *os seus anjos nos céus veem continuamente a face de meu Pai* etc. Ora, ver a face do Pai é ver a essência d'Ele. Logo, os anjos veem a Deus por essência.

---

12. BOÉCIO, *De consolatione philosophiae*, V, pr. 4: PL 63, 850 B.
13. Na edição Taurini, reproduzida por Enrique Alarcón, não há esta divisão que ora propomos: *Sed contra*.

2. Além do mais, os anjos bem-aventurados veem a Deus deste modo como foi prometido a nós no estado de bem-aventurança. Ora, nós veremos a Deus por essência, como é claro pelo que se diz em 1 Jo 3,2: *sabemos que por ocasião desta manifestação seremos semelhantes a Ele, porque o veremos tal como Ele é*. Logo, também os anjos veem a Deus por essência.

3. Além do mais, os anjos conhecem aquilo pelo qual eles foram feitos. Ora, a mesma essência divina é causa dos anjos. Logo, veem a essência divina.

4. Além do mais, tudo que é visto é visto por similitude ou por essência. Ora, em Deus não é uma coisa a sua similitude e outra a sua essência: porque qualquer coisa que está em Deus é Deus. Logo, os anjos veem a Deus por essência.

5. Além do mais, o intelecto é mais forte no cognoscente do que o afeto na dileção; por isso diz Agostinho: *o intelecto precede, o afeto segue de modo lento ou de nenhuma maneira*. Ora, os anjos amam a essência divina. Logo, com muito mais razão a veem.

Respondo[14]

Respondo dizendo que, acerca dessa questão, alguns[15] erraram dizendo que nenhum intelecto criado pode ver a Deus por essência, considerando a distância que há entre a essência divina e o intelecto criado. Mas essa posição não pode ser sustentada,

---

14. Na edição Taurini, reproduzida por Enrique Alarcón, não há esta divisão que ora propomos: *Respondeo*.
15. Cfr. TOMÁS DE AQUINO, *Super Sent*. IV, d. 49, q. 2, a. 1.

pois é herética.[16] Com efeito, consta que a beatitude de qualquer criatura intelectual consiste em sua operação perfeitíssima. No entanto, aquilo que é supremo em qualquer criatura racional é o intelecto. Por isso, é necessário que a bem-aventurança de cada criatura racional consista na nobilíssima visão intelectual. Contudo, a nobreza da visão intelectiva é pela nobreza do intelecto; como também diz o Filósofo, no livro X da *Ética*,[17] que *a operação perfeitíssima da visão é a visão bem disposta até as mais belas coisas que caem sob a visão*. Portanto, se na sua perfeitíssima visão a criatura racional não atingisse a visão da essência divina, sua beatitude não seria o mesmo Deus, mas algo abaixo de Deus; o que não pode ser; porque a última perfeição de cada coisa se dá quando atinge o seu princípio. Contudo, Deus mesmo criou de modo imediato todas as criaturas racionais, como sustenta a fé verdadeira. Por isso é necessário, segundo a fé, que toda criatura racional que atinja a bem-aventurança veja a Deus por essência.

Mas agora é necessário considerar e entender de que modo alguém vê a Deus por essência. Em toda visão, pois, é necessário defender algo pelo qual o que vê veja o que é visto; e isso é ou a essência do visto mesmo, como quando Deus conhece a si mesmo; ou uma similitude dela, como o homem vê a pedra; e isso porque é necessário que o que intelige e o inteligível se façam de algum modo uno ao inteligir. Contudo, não se pode dizer que a essência de Deus seja vista pelo intelecto criado por alguma similitude. Com efeito, em todo conhecimento que é por similitude, o modo do conhecimento é segundo a conveniência da similitude para isso do qual é semelhante; e digo conveniência segundo a representação, como na alma a espécie convém com a coisa que está fora da alma, não segundo o ser natural. E, por isso, se a similitude falha na representação da espécie, mas não

---

16. Cfr. *Articulus primus Parisiis reprobatus anno* 1241 (Chart. Univ. Paris. I, p. 170).
17. ARISTÓTELES, *Ethica Nicomachea*, X, 6, 1174b14. [*Ética a Nicômaco*, obra publicada em *Clássicos Edipro*. (N.E.)]

na representação do gênero, essa coisa é conhecida segundo a razão de gênero, não segundo a razão da espécie. Todavia, se falha também na representação do gênero, representaria, porém, apenas segundo a conveniência da analogia; então, tampouco será conhecida segundo a razão de gênero, assim como se conhece uma substância por similitude do acidente. Contudo, toda similitude da essência divina que é tomada no intelecto criado não pode ter alguma conveniência com a essência divina a não ser apenas por analogia. E, por isso, o conhecimento que era por tal similitude não era o mesmo de Deus por essência, mas muito mais imperfeito do que se se conhecesse a substância por similitude de acidente. E, por isso, esses que disseram que Deus não é visto por essência disseram que era visto certo fulgor da essência divina, entendendo por fulgor aquela similitude da luz criada, pela qual defendiam que Deus era visto, porém era deficiente da representação da essência divina, assim como a luz recebida na pupila pela claridade que está no Sol; por isso o que vê não pode penetrar com clareza na mesma claridade do Sol, mas vê examinando certos fulgores. Logo, resta que aquilo pelo qual o intelecto criado vê a Deus por essência é a própria essência divina.

No entanto, não é necessário que a mesma essência divina se torne a forma do próprio intelecto, mas que se relacione com o mesmo como forma; assim como pela forma, que é parte da coisa, e a matéria se torna um ente em ato, assim também, ainda que de modo dessemelhante, pela essência divina e pelo intelecto criado se faz uma coisa ao inteligir, enquanto o intelecto inteligir e a essência é inteligida por ele. Contudo, a maneira pela qual uma essência separada pode se unir ao intelecto como forma, assim mostra o Comentador no livro III do *Sobre a alma*.[18] Sempre que em um recipiente são recebidas duas coisas, das quais uma é mais perfeita do que outra, a proporção do

---

18. AVERRÓIS, *In De anima.*, com. 36: vol. VI, p. 185 C. [*Commentaria in Opera Aristotelis*, Venetiis, 1562].

mais perfeito ao menos perfeito é como a proporção da forma ao seu perfectível; assim como a luz é perfeição da cor, pois ambas são recebidas na coisa diáfana. E, por isso, como o intelecto criado, que está na substância criada, é mais imperfeito que a essência divina existente nele, a essência divina se comparará a esse intelecto de algum modo como forma. E esse exemplo pode ser encontrado de alguma maneira nas coisas naturais. Com efeito, uma coisa subsistente por si não pode ser forma de alguma matéria, se nela se encontra algo da matéria, assim como a pedra não pode ser forma de qualquer matéria; mas a coisa subsistente por si que carece de matéria pode ser forma de uma matéria, como é claro com a alma. E, de modo semelhante, de certa maneira, a essência divina, que é ato puro, ainda que tenha o ser totalmente distinto, torna-se, porém, como sua forma no ato de inteligir. E, por isso, diz o Mestre, no livro II das *Sentenças*,[19] que a união do corpo com a alma racional é certo exemplo da bem-aventurada união da espécie racional com Deus.

Respostas aos argumentos[20]

1. Respondo, portanto, dizendo que, quando se diz: 'isto é visto como é'; pode-se entender de dois modos. De um modo, enquanto o modo pelo qual uma coisa é vista cai sob a visão; quer dizer, de modo que na coisa vista se veja o mesmo modo pelo qual a coisa é; e desse modo Deus, tal como é, é visto pelos anjos, e é visto pelos bem-aventurados, porque veem que sua essência tem o modo que tem. E, assim, se entende o que se encontra em 1 Jo 3,2: *porque O veremos tal como Ele é*. De outro modo, pode-se entender que o modo dito determina a visão do

---

19. PEDRO LOMBARDO, *Lib. Sent.*, II, d.1, c. 6.
20. Na edição Taurini, reproduzida por Enrique Alarcón, não há esta divisão que ora propomos: *Responsiones ad argumenta*. Do mesmo modo, quando necessário, inserimos *Responsiones ad sed contra*, quando houver mais de um *sed contra*.

que vê; a saber, de maneira que tal modo seja da visão d'Ele como é o modo da essência da coisa vista: e, assim, Deus não pode ser visto como é por nenhum intelecto criado; porque é impossível que o modo da visão de um intelecto criado seja tão sublime como o modo pelo qual Deus o é; e deste modo se deve entender as palavras de Crisóstomo.

2-4. E, de modo semelhante, respondo dizendo ao segundo, terceiro e quarto.

5. Respondo dizendo que a forma pela qual o intelecto do que vê a Deus por essência vê a Deus é a mesma essência divina; porém não se segue que seja uma forma que é parte da coisa no ser; mas que se encontra deste modo ao inteligir como a forma que é parte da coisa no ser.

6. Respondo dizendo que a proporção, propriamente falando, não é outra coisa do que a relação da quantidade com a quantidade, assim como uma coisa que é igual a outra, ou é tripla; e, então, o nome de proporção é trasladado ao modo em que qualquer relação de uma coisa a outra se nomeia proporção; como se diz que a matéria é proporcionada à forma enquanto se relaciona com a forma como sua matéria, sem considerar certa relação de quantidade. E, de modo semelhante, o intelecto criado é proporcionado a ver a essência divina, enquanto se encontra com relação à mesma, de certo modo, como à sua forma inteligível; ainda que segundo a quantidade não possa haver proporção alguma, em virtude da distância infinita.

7. Respondo dizendo que, para o conhecimento, não se requer a assimilação a não ser por isto que o cognoscente de algum modo se une ao conhecido. Contudo, é mais perfeita a união pela qual a coisa mesma se une por sua essência ao intelecto, que se se unisse por sua similitude. E, por isso, porque a essência divina se une ao intelecto do anjo como forma, não se requer que para conhecê-la seja informado por alguma semelhança sua, pela qual conhece.

8. Respondo dizendo que as autoridades de Dionísio e de Damasceno devem ser entendidas com relação à visão da via pela qual o intelecto do viador[21] vê a Deus por alguma forma; porque essa forma falha pela representação da essência divina, e, por isso, por ela não pode ver, mas apenas se conhece que Deus está acima disto que representa o mesmo intelecto; pois isto que Ele é permanece oculto. E esse é o modo nobilíssimo do conhecimento ao qual podemos atingir na via; e, por isso, não conhecemos o que é, mas o que não é. Contudo, a mesma essência divina representa a si mesma de maneira suficiente; e, por isso, quando se faz como forma para um intelecto, vê-se com relação a Deus não só que não é, mas também o que é.

9. Respondo dizendo que a claridade divina excede o intelecto do viador quanto a duas coisas. Com efeito, excede a mesma potência intelectiva; e disso se segue que a perfeição de nossa visão não é tão grande quanto é a perfeição de sua essência, porque a eficácia da ação se mede segundo a potência do agente. Excede também a forma pela qual o nosso intelecto inteligeagora; e, por isso, Deus não é visto agora por essência, como é claro pelo dito no corpo do artigo. Mas, na visão beatífica, Deus excederá, de fato, a potência do intelecto criado, por isso não poderá ser visto tão perfeitamente como perfeitamente é; porém, não excederá a forma pela qual é visto, e, por isso, ver-se-á isto mesmo que Deus é.

---

21. Refere-se a quem vive a vida presente, a deste mundo e não a vida da glória futura, em cuja vida ver-se-á a Deus face a face.

10. Respondo dizendo que o argumento de Dionísio procede do conhecimento da via, que é segundo as formas dos existentes criados; e, por isso, não pode atingir isto que é superexistente. No entanto, isso não estará na visão da pátria celeste. E, por isso, seu argumento não vem a propósito.

11. Respondo dizendo que essa autoridade de Dionísio deve ser entendida da visão da via pela qual se conhece a Deus por alguma forma criada; e isso pela razão já dita.

12. Respondo dizendo que, por isso, é necessário haver maior eficácia da visão para isto que é visto de mais longe, porque a visão é uma potência passiva. Contudo, a potência passiva, quanto mais é perfeita, tanto menos pode ser movida por algo menor; assim como se dá o contrário com a potência ativa, quanto mais ela é perfeita, tanto mais pode mover. Com efeito, tanto mais algo é esquentável, quanto mais se esquenta com um calor menor; porém, quanto mais algo é visto de mais longe, tanto menor é o ângulo em que é visto e, assim, é menor o que do objeto visível pertence à visão; mas se uma forma igual chegasse próximo e longe, o que está longe não se veria menos do que o próximo. Contudo, o mesmo Deus, ainda que diste infinitamente do intelecto angélico, porém, une-se ao intelecto com toda a sua essência; e por isso não é semelhante.

13. Respondo dizendo que há um duplo juízo. Um, pelo qual julgamos de que maneira uma coisa deve ser; e esse juízo não é senão do superior com relação ao inferior. Outro é pelo qual se julga de que maneira a coisa é; e esse juízo pode ser tanto do superior quanto do desigual; pois não posso julgar se o rei está de pé ou sentado menos do que com relação a um camponês; e tal juízo está no conhecimento.

14. Respondo dizendo que o juízo não é uma ação que sai do agente até a coisa exterior que é mudada por ela, mas é certa operação no mesmo que julga, que consiste na perfeição do mesmo. E por isso não é necessário que isto sobre o qual julga o intelecto ou o sentido seja passivo, ainda que seja significado pelo modo passivo; por outro lado, antes, o sensível e inteligível, sobre os quais há juízo, relacionam-se com o intelecto e o sentido como um agente, enquanto sentir ou inteligir é certo padecer.

15. Respondo dizendo que o intelecto criado jamais pertence à essência divina, de modo que seja a mesma natureza com ela; porém a alcança como uma forma inteligível.

Artigo 2
Segundo, pergunta-se se o intelecto do anjo ou o do homem bem-aventurado compreendem a essência divina[22]

E parece que sim.

---

22. Lugares paralelos: *Super Sent*. III, d. 14, a. 2, qc. 1 e d. 27, q. 3, a. 2; ibid., IV, d. 49, q. 2, a. 3; supra q. 2, a. 1, ad 3; *De ver.* q. 20, a. 5; *Cont. Gent.* III, cap. 55; *Super Eph.,* cap. 5, l. 3; *Sum. Th.* I, q. 12, a. 7; *Comp. Theol.* Cap. 106; *Lect. Super Ioh.,* cap. 1, l. 11; *De carit.,* a. 10, ad 5.

Argumentos

1. Se algo simples é visto, é visto todo. Ora, a essência divina é simples. Logo, como o anjo bem-aventurado a vê, vê-la toda e, assim, a compreende.

2. Mas se poderia dizer que, ainda que a veja toda, porém não totalmente. – Mas, ao contrário, diz totalmente de certo modo. Ora, todo modo da essência divina é a mesma essência divina. Logo, se se vê a mesma essência toda, vê-la-á totalmente.

3. Além do mais, a eficácia da ação é medida segundo a forma que é princípio do agir por parte do mesmo agente, assim como é claro com o calor e o aquecimento. Ora, a forma pela qual o intelecto intelige é princípio da visão intelectual. Portanto, tanto será a eficácia do intelecto que vê a Deus, quanto é a perfeição da essência divina; logo, compreende-a.

4. Além do mais, assim como o saber por demonstração é um perfeitíssimo modo de conhecer as coisas complexas, assim conhecer aquilo que é é o modo nobilíssimo de conhecer as coisas incomplexas. Ora, toda coisa complexa que se conhece por demonstração é compreendida. Logo, tudo isso do qual se sabe que é é compreendido. Ora, aqueles que veem a Deus por essência sabem disso que é, pois conhecer que algo é não é outra coisa do que conhecer a essência da coisa. Logo, os anjos compreendem a essência de Deus.

5. Além do mais, diz-se em Fl 3,12: *esforço-me, porém, se de algum modo puder compreender como também sou compreendido.*[23] Ora, Deus compreendia perfeitamente o Apóstolo. Logo, o Apóstolo tendia a isso para compreender perfeitamente a Deus.

6. Além do mais, a Glosa[24] diz sobre o mesmo lugar: *de modo que compreenda, isto é, que conheça qual seja a imensidade de Deus que excede todo intelecto.* Ora, não é incompreensível a não ser por razão de imensidade. Logo, os bem-aventurados compreendem a essência divina.

Ao contrário

1. É o que diz Ambrósio no seu *Comentário ao Evangelho de Lucas*:[25] *ninguém viu essa plenitude de bondade que habita em Deus, ninguém a compreende com a mente ou com os olhos.*

---

23. Optamos por não seguir, neste trecho, a tradução da Bíblia de Jerusalém, para melhor compreensão do argumento.
24. *Glosa* de PEDRO LOMBARDO, *Super Eph.*: PL 192, 195 A.
25. AMBRÓSIO, *Super Lucam*, I, n.25: PL 15, 1624 A.

2.[26] Além do mais, Agostinho diz no livro *Sobre a visão de Deus*:[27] *ninguém compreende a plenitude de Deus, não só com os olhos do corpo, mas nem mesmo com a mente.*

3. Além do mais, segundo Agostinho, no mesmo livro,[28] compreende-se aquilo *cujos fins podem ser circunscritos*. Ora, isso é impossível com relação a Deus, pois é infinito. Logo, não pode ser compreendido.

Respondo

Respondo dizendo que alguma coisa se diz propriamente compreendida por algo quando é inclusa por ele; pois se diz compreender como apreender simultaneamente por todas as partes, que é tê-lo incluído totalmente. Contudo, o que é incluso por outro não excede o que inclui, mas é menos do que o que inclui, ou ao menos igual. Contudo, essas coisas pertencem à quantidade; por isso existe um modo duplo de compreensão segundo o duplo modo de quantidade; a saber, segundo a quantidade dimensiva e virtual. De fato, segundo a dimensiva, como a jarra compreende o vinho: porém, segundo a virtual se diz que a matéria compreende a forma, quando nada da matéria permanece imperfeito pela forma. E por esse modo se diz que certa potência cognitiva compreende seu conhecido, a saber, enquanto o conhecido subjaz perfeitamente ao conhecimento do mesmo; porém falha na sua compreensão, quando o conhecido excede o conhecimento.

---

26. No *Corpus Thomisticum* (<www.corpusthomisticum.org>), a ordem do segundo e do terceiro artigos do *sed contra* está invertida com relação à versão da Leonina. Optamos pela edição da Leonina, principalmente, porque faz referência ao mesmo livro de Agostinho (*in eodem Lib*), o que implica que esse argumento deveria ser posterior ao que vem com a referência ao livro de Agostinho (*in Lib. de videndo Deum*).
27. AGOSTINHO, *De videndo Deum*, *Epist.* 147, c. 8: PL 33, 606.
28. AGOSTINHO, *De videndo Deum*, *Epist.* 147, c. 9: PL 33, 606.

Mas esse excesso deve ser considerado de modo diverso nas diversas potências. Com efeito, nas potências sensitivas o objeto se compara à potência não só segundo a quantidade virtual, mas também segundo a quantidade dimensiva; por isso as coisas sensíveis movem o sentido, enquanto é existente em uma magnitude, não só por força da qualidade dos sensíveis próprios, mas também segundo a quantidade dimensiva, como é claro nos sensíveis comuns. Por isso a compreensão do sentido pode ser impedida de dois modos. De um modo, por excesso do sensível segundo a quantidade virtual; assim como se impede ao olho a compreensão do Sol, porque a força da claridade do Sol, que é visível, excede a proporção da potência visiva que está no olho. De outro modo, pelo excesso da quantidade dimensiva; assim como o olho é impedido de compreender a massa toda da Terra, mas vê uma parte sua e outra não, que não ocorreria no primeiro modo de impedimento; pois, de modo semelhante, todas as partes do Sol são vistas por nós, mas nenhuma delas de modo perfeito, assim como é visível.

Contudo, o inteligível se compara ao intelecto por acidente, também segundo a quantidade dimensiva ou numérica, enquanto o intelecto recebe algo do sentido; por isso também o nosso intelecto está impedido da compreensão do infinito segundo a quantidade dimensiva, de modo que algo seu está no intelecto e algo está fora do intelecto. No entanto, por si, o inteligível não se compara ao intelecto segundo a quantidade dimensiva, pois o intelecto é uma potência que não utiliza o órgão corporal; mas por si se compara ao mesmo, apenas segundo a quantidade virtual. E, por isso, nessas coisas que se inteligem por si, sem a união com o sentido, não está impedida a compreensão do intelecto a não ser pelo excesso da quantidade virtual; a saber, quando isto que se inteligem tem um modo pelo qual o intelecto intelige; assim como se alguém conhecesse esta conclusão: o triângulo tem três ângulos iguais a dois retos, por uma razão provável enquanto por autoridade, ou porque assim se diz comumente, não a compreenderá; não que ignore sua parte e conheça outra, mas porque essa conclusão é cognoscível por demonstração a qual o cognoscente ainda não chegou, e, por isso, não a compreende, porque não subsiste perfeitamente sob seu conhecimento.

No entanto, consta que no intelecto do anjo, principalmente quanto à visão divina, não tem lugar a quantidade dimensiva; e, por isso, deve-se considerar ali a igualdade ou o excesso apenas segundo a quantidade virtual. Contudo, o poder da essência divina, pela qual é inteligível, excede o intelecto angélico, e todo intelecto criado, segundo isso que é cognoscitivo; pois a verdade da essência divina, pela qual é cognoscível, excede a luz de qualquer intelecto criado, pelo qual é cognoscitivo. E, por isso, é impossível que um intelecto criado compreenda a essência divina; não porque ignora alguma parte sua, mas porque não pode alcançar o modo perfeito do mesmo conhecimento.

Respostas aos argumentos

1. Respondo, portanto, dizendo que a essência divina é vista toda pelo anjo, porque não há nada dela que não seja visto por ele; de maneira que o termo "toda" se entenda de modo privativo, não por posição de partes: porém não a vê perfeitamente; e, por isso, não se segue que a compreenda.

2. Respondo dizendo que qualquer visão pode ser considerada de três modos. Primeiro modo, do mesmo vidente absolutamente, que é a medida de sua capacidade; e, assim, o intelecto do anjo vê totalmente a Deus: quer dizer, que emprega toda a capacidade do intelecto em ver a Deus. De outro modo, da mesma coisa vista; e esse modo não é outra coisa do que a qualidade da coisa. No entanto, como em Deus não há outra qualidade do que a substância, seu modo é a mesma essência; e, assim, os anjos veem totalmente a Deus, porque veem todo modo de Deus do mesmo modo pelo qual veem a essência toda. O terceiro modo é o da visão mesma, que é intermediária entre o que vê e a coisa vista; e, por isso, diz o modo do que vê por comparação à coisa vista; como se dissesse que alguém vê totalmente outro, a saber, quando a visão tem um modo total. E isso se dá quando o modo da visão é tão perfeito como o é o modo de visibilidade da coisa mesma. E desse modo não se vê totalmente a essência divina, como é claro pelo dito no corpo do artigo; assim como alguém que conhece alguma proporção que seja demonstrável, cuja demonstração ignora, de fato, sabe todo o modo do seu conhecimento, mas não a conhece segundo todo o modo pelo qual é cognoscível.

3. Respondo dizendo que esse argumento procede quando a forma, que é princípio da ação, une-se ao agente segundo todo seu modo; o que é necessário em todas as formas não subsistentes, cujo ser é inerir. Mas a essência divina, ainda que de certo modo seja como a forma do intelecto, porém, não é tomada pelo intelecto a não ser segundo o modo do intelecto que a toma, e porque a ação não é apenas da forma, mas também do agente, por isso não pode ser uma ação tão perfeita como é perfeita a forma que é princípio da ação, pois há um defeito por parte do agente.

4. Respondo dizendo que se compreende uma coisa da qual se conhece sua definição, se, porém, a mesma definição for compreendida. Mas assim como é possível conhecer uma coisa sem compreensão, assim também ocorre com a própria definição; e dessa maneira a mesma coisa permanece não compreendida. Contudo, o anjo, ainda que veja de algum modo o que é Deus, porém, não o compreende.

5. Respondo dizendo que a visão de Deus por essência pode se dizer compreensão em comparação com a visão da via, que não alcança a essência: porém não é uma compreensão absolutamente, pela razão dita. E, por isso, quando se diz: *compreender como também sou compreendido, e conhecer assim como sou conhecido*; o termo "como" indica uma comparação de similitude, mas não de igualdade.

6. Respondo dizendo que a mesma imensidade de Deus será vista, mas não será vista de modo imenso; pois se verá todo o modo, mas não totalmente, como foi dito.

Artigo 3
Terceiro, pergunta-se se o anjo, pelas próprias forças naturais, poderia ter atingido a visão de Deus por essência[29]

E parece que sim.

---

29. Lugares paralelos: *Super Sent.* II, d. 4, a. 1 e d. 23, q. 2, a. 1; ibid., IV, d. 49, q. 2, a. 6; *Cont. Gent.* I, cap. 3 e III, cap. 49 e 52; *De anima,* a. 17, ad 10; *Super Tim.* I, cap. 6, l. 3; *Sum. Th.* I, q. 12, a. 4 e q. 56, a. 3; ibid., q. 64, a. 1, ad 2 e I-II, q. 5, a. 5.

Argumentos

1. Segundo Agostinho, no *Comentário literal ao Gênesis*,[30] os anjos, no princípio de sua criação, na qual estiveram apenas no estado de natureza, como muitos dizem, viram no Verbo as criaturas que seriam feitas. Ora, isso não poderia ocorrer a não ser que vissem o Verbo. Logo, por puras forças naturais, o intelecto do anjo vê a Deus por essência.

2. Além do mais, o que pode inteligir o menos inteligível pode inteligir também o mais inteligível. Ora, a essência divina é maximamente inteligível por estar maximamente imune à matéria, disso decorre que algo seja inteligível em ato. Logo, como o intelecto do anjo pode inteligir com o conhecimento natural as outras coisas inteligíveis, com muito maior força de razão poderá inteligir a essência divina por puras forças naturais.

---

30. AGOSTINHO, *Super Genesim ad litteram*, II, c. 8: PL 34, 269.

3. Mas se poderia dizer que, ainda que a essência divina seja maximamente inteligível em si, porém, não é maximamente inteligível para o intelecto angélico. – Mas, ao contrário, isso que é mais visível em si não é mais visível a nós pelo defeito de nossa visão. Ora, no intelecto angélico não há defeito algum, pois o anjo é *um espelho puro, claríssimo e incontaminado*, como diz Dionísio no capítulo IV do *Sobre os nomes divinos*.[31] Logo, isso que é mais inteligível em si é mais inteligível para o anjo.

4. Além do mais, o Comentador diz, no livro III do *Sobre a alma*,[32] que no intelecto que está totalmente separado da matéria segue este argumento feito por Temístio:[33] isto é mais inteligível, logo é mais inteligido. Ora, o intelecto do anjo é desse modo. Logo, nele segue o argumento dito.

5. Além do mais, o visível excelente é menos visível para nossa visão porque corrompe a visão. Ora, o inteligível excelente não corrompe o intelecto, mas o conforma. Logo, aquilo que é mais inteligível em si é mais inteligido pelo intelecto.

6. Além do mais, ver a Deus por essência é um ato do intelecto. Ora, a graça está no afeto[34]. Logo, não se requer a graça para ver a Deus por essência; e, assim, apenas segundo as forças naturais puderam atingir essa visão.

---

31. PSEUDO-DIONÍSIO, *De divinis nominibus*, § 22: PG 3, 724 B.
32. AVERRÓIS, *In De anima.*, com. 36: vol. VI, p. 179 C. [*Commentaria in Opera Aristotelis*, Venetiis, 1562].
33. TEMÍSTIO, *In Libros Aristotelis De anima Paraphrasis*, III [Edidit R. Heinze. Berolini, 1899].
34. Tradução de: *affectu*.

7. Além do mais, segundo Agostinho,[35] a fé, porque está presente por essência na alma, é vista pela alma por sua essência. Ora, Deus por sua essência está presencialmente na alma e, de modo semelhante, no anjo e em qualquer criatura. Logo, o anjo pôde ver a Deus com as puras forças naturais por essência.

8. Além do mais, segundo Agostinho, no livro X das *Confissões*,[36] algo está presente na alma de três modos: a saber, pela imagem, por noção e por presença da sua essência. Logo, se essa divisão é conveniente, é necessário que essas coisas sejam opostas; e, assim, como Deus está presente por essência no intelecto angélico, não estará presente nele por similitude; e, assim, não pode ser visto pelo anjo por similitude. Logo, se pode conhecê-lo de algum modo com as puras forças naturais, parece que O conhece naturalmente por essência.

9. Além do mais, se algo é visto em um espelho material, é necessário que o mesmo espelho seja visto. Ora, os anjos, no estado de sua criação, viram as coisas no Verbo como em certo espelho. Logo, viram o Verbo.

10. Mas se poderia dizer que os anjos não foram criados com as puras forças naturais, mas com a graça santificante[37] ou com a graça dada de graça.[38] – Mas, ao contrário, assim como a luz da natureza falha com relação à luz da glória, assim também ocorre com a luz da graça dada de graça ou da graça santificante. Logo, se os que estavam na graça dada de graça ou na graça

---

35. AGOSTINHO, *De Trinitate*, XIII, c. 1: PL 42, 1014.
36. AGOSTINHO, *Confessiones*, cap. 17: PL 32, 790.
37. Tradução de: *gratia gratum faciente*.
38. Tradução de: *gratia gratis data*.

santificante puderam ver a Deus por essência, pela mesma razão também quando estiveram no estado natural.

11. Além do mais, as coisas não se veem a não ser onde estão. Ora, antes da criação das coisas, as coisas não estavam senão no Verbo. Logo, como os anjos conheciam as coisas que seriam feitas, conheceram-nas no Verbo; e, assim, viram o Verbo.

12. Além do mais, a natureza não falha nas coisas necessárias. Ora, alcançar o fim é maximamente da natureza das coisas necessárias. Logo, a cada natureza foi provido que possa alcançar seu fim. Ora, o fim pelo qual existe a criatura racional é ver a Deus por essência. Logo, a criatura racional, por suas puras forças naturais pode atingir essa visão.

13. Além do mais, as potências superiores são mais perfeitas que as inferiores. Ora, as potências inferiores por sua natureza podem alcançar seus objetos, assim como os sentidos com as coisas sensíveis, e a imaginação com as coisas imagináveis. Logo, como o objeto da inteligência é Deus, como se diz no livro *Sobre o espírito e a alma*,[39] parece que Deus pode ser visto pelas forças naturais das inteligências angélicas.

14. Mas se poderia dizer que não é semelhante: porque os objetos das outras potências não excedem suas potências; mas Deus excede toda inteligência criada. – Mas, ao contrário, por muito que a inteligência criada se aperfeiçoe com a luz da glória, Deus sempre excede a ela mesma infinitamente. Logo, se esse excesso impede a visão de Deus por essência, nunca o intelecto criado poderá chegar ao estado da glória para ver a Deus por essência; o que é absurdo.

---

39. PSEUDO-AGOSTINHO, *De spiritu et anima*, cap. 11: PL 40, 787.

15. Além do mais, no livro *Sobre o espírito e a alma*,⁴⁰ diz-se que *a alma é similitude de toda sabedoria*, e pela mesma razão o anjo. Ora, se conhece uma coisa de modo natural por sua similitude. Portanto, de modo natural o anjo conhece as coisas sobre as quais há sabedoria. Ora, a sabedoria é das coisas divinas, como diz Agostinho.⁴¹ Logo, o anjo de modo natural consegue ver a Deus por essência.

16. Além do mais, para que o intelecto criado veja a Deus por essência, não se requer senão que o intelecto se conforme a Deus. Ora, o intelecto do anjo por sua natureza é deiforme.⁴² Logo, pelas próprias forças naturais pode ver a Deus por essência.

17. Além do mais, todo conhecimento de Deus ou é como no espelho, ou é por essência, como é claro por isto que se encontra em 1 Cor 13,12: *agora vemos em espelho e de maneira confusa, mas, depois, veremos face a face*. Ora, os anjos existindo em suas forças naturais não conheceram a Deus como no espelho; porque, como diz Agostinho:⁴³ *desde que foram criados, fruíram da visão eterna do Verbo, não vendo as coisas invisíveis de Deus por meio das quais foram feitos*; o que é ver no espelho. Logo, os anjos veem de modo natural a Deus por essência.

18. Além do mais, é visto imediatamente aquilo sobre o qual pensamos sem pensar alguma outra coisa. Ora, o anjo pode pensar sobre Deus com um conhecimento natural sem pensar

---

40. PSEUDO-AGOSTINHO, *De spiritu et anima*, cap. 6: PL 40, 783.
41. AGOSTINHO, *De Trinitate*, XIV, c. 1: PL 42, 1037.
42. No sentido de "forma semelhante à divindade".
43. AGOSTINHO, *Super Genesim ad litteram*, II, c. 8: PL 34, 270.

em outra criatura. Logo, pode ver a Deus imediatamente; o que é ver pela essência.

19. Além do mais, Agostinho diz que as coisas que estão substancialmente na alma são conhecidas pela essência. Ora, a essência divina está desse modo na alma. Logo etc.

20. Além do mais, aquilo que não é visto pela essência é visto pela espécie, se for visto. Ora, a essência divina não pode ser vista por essência, porque a espécie é mais simples do que aquilo do qual é. Portanto, como é naturalmente conhecida de modo natural pelo anjo, a essência é conhecida por ele.

Ao contrário

1. Ver a Deus por essência é a vida eterna, como é claro em Jo 17,3: *a vida eterna é esta* etc. Ora, não se pode alcançar a vida eterna por puras forças naturais; como se diz em Rm 6,23: *a graça de Deus é a vida eterna*. Logo, nem com relação à visão de Deus por essência.

2. Além do mais, Agostinho[44] diz que a alma, ainda que seja feita para conhecer a Deus, não é, porém, conduzida ao ato do conhecimento a não ser que seja colocado pela luz divina; e, assim, pelas forças naturais não se pode ver a Deus por essência.

3. Além do mais, a natureza não transcende os seus limites. Ora, a essência divina excede toda natureza criada. Logo, com um conhecimento natural a essência divina não pode ser vista.

---

44. PSEUDO-AGOSTINHO, *De spiritu et anima*, cap. 12: PL 40, 787.

Respondo

Respondo dizendo que, para isto que Deus seja visto por essência, é necessário que a essência divina se una ao intelecto de algum modo como forma inteligível. Contudo, o perfectível não se une à forma a não ser depois de que haja no mesmo uma disposição, que faz o perfectível receptivo de tal forma, porque o próprio ato se faz na própria potência: assim como o corpo não se une à alma como forma a não ser depois de que foi organizado e disposto. Por isso, é necessário também que no intelecto haja alguma disposição pela qual torne perfectível tal forma que é a essência divina, que é certa luz inteligível. De fato, se essa luz fosse natural, o intelecto pelas forças naturais poderia ver a Deus por essência. Ora, é impossível que seja natural. Com efeito, sempre são da mesma ordem a disposição última à forma e a forma, nisto que se uma é natural, a outra também é. Contudo, a essência divina não é uma forma natural inteligível do intelecto criado; o que é claro deste modo. Com efeito, o ato e a potência são sempre de um só gênero; por isso a potência no gênero da quantidade não é relativa ao ato que está no gênero da qualidade: por isso a forma natural do intelecto criado não pode ser senão daquele gênero no qual está a potência do intelecto criado: por isso a forma sensível, que é de outro gênero, não pode ser forma do mesmo, mas apenas a forma imaterial, que é de seu gênero. No entanto, assim como a forma sensível está abaixo do gênero da potência intelectiva criada, assim a essência divina está acima dela; por isso a essência divina não é forma à qual se estende a faculdade natural do intelecto criado. E, por isso, essa luz inteligível, por meio da qual o intelecto criado se faz na última disposição para se unir à essência divina como forma inteligível, não é natural, mas acima da natureza; e essa é a luz da glória, da qual se diz em Sl 35,10: *com tua luz nós vemos a luz*.

Portanto, a faculdade natural de qualquer intelecto está determinada a alguma forma criada inteligível; porém, de modo diferente no homem e no anjo: porque no homem está determinada à forma inteligível abstraída do sentido, pois todo seu conhecimento tem sua origem no sentido; no anjo, porém, está determinada à forma inteligível não recebida do sentido, e principalmente à forma que é sua essência. E, por isso, o conhecimento de Deus, ao qual o anjo pode atingir naturalmente, é de modo que conheça o mesmo pela substância do mesmo anjo que vê; e, por isso, diz-se, no livro *Sobre as causas*,[45] que *a inteligência intelige o que está acima dela por modo de sua substância*, porque enquanto é causada por Deus, sua substância é similitude de certa essência divina. Ora, o conhecimento de Deus ao qual o homem pode atingir naturalmente é de modo que conheça o mesmo por forma sensível, que é abstraída das coisas sensíveis pela luz do intelecto agente; e, por isso, sobre o que se diz em Rm 1,20: *sua realidade invisível* etc., diz a Glosa que o homem era ajudado a conhecer a Deus pelas criaturas sensíveis e pela luz natural da razão. Contudo, o conhecimento de Deus, que é pela forma criada, não é a sua visão por essência: e, por isso, nem o homem, nem o anjo podem atingir a visão de Deus por essência pelas puras forças naturais.

Respostas aos argumentos

1. Respondo, portanto, dizendo que isso que diz Agostinho, que os anjos viram as coisas no Verbo, pode ser entendido não a partir da criação, mas desde o momento em que foram bem-aventurados. Ou se deve entender que, ainda que não tenham visto no estado natural o Verbo por essência, viram, porém, de algum modo por similitude existente neles; e desde tal conhecimento puderam conhecer as criaturas, as quais, porém, depois conheceram no Verbo muito mais plenamente, quando viram o Verbo por essência; pois, segundo que se conhece a causa, são conhecidos os efeitos por ela.

---

45. *Liber de Causis*, comm. 8 (7).

2. Respondo dizendo que, ainda que a essência divina seja em si maximamente cognoscível, porém, não é maximamente cognoscível para o intelecto criado, porque está fora do gênero do mesmo.

3. Respondo dizendo que o intelecto angélico se diz que é espelho puro e incontaminado e sem defeito, porque não padece o defeito da luz inteligível, considerada a natureza de seu gênero, assim como padece o intelecto humano, no qual a luz inteligível é obscurecida enquanto é necessário que receba dos fantasmas,[46] continuamente, no tempo e discorrendo de uma coisa a outra; por isso diz Isaac[47] que *a razão nasce na sombra da inteligência*: e por isso sua potência intelectiva pode inteligir toda forma inteligível criada que é de seu gênero. Mas o intelecto angélico comparado à essência divina, que está fora de seu gênero, encontra-se defectivo e tenebroso; e, assim, debilita-se com relação à visão da essência divina, ainda que ela mesma seja em si maximamente inteligível.

4. Respondo dizendo que as palavras do Comentador se entendem do conhecimento das coisas inteligíveis criadas, não do conhecimento da essência incriada. Com efeito, enquanto a substância inteligível, que é em si maximamente inteligível, faz-se em nós menos inteligível, porque excede a forma abstraída dos sentidos pela qual inteligimos naturalmente, também, de modo semelhante, ainda muito mais, a essência divina excede a forma criada inteligível, pela qual o intelecto do anjo intelige. E, por isso, o intelecto do anjo intelige menos a essência divina, ainda que seja mais inteligível, como também nosso intelecto

---

46. Tradução de *phantasmatibus*, com sentido de "imagens sensíveis".
47. ISAAC ISRAELI, *Liber de Definicionibus* [J. T. Muckle, "Issac Israeli, Liber de Definicionibus" in *Archives d'histoire doctrinale et litteraire du moyen age*, 1937-1938, p. 313].

intelige menos a essência do anjo, ainda que seja mais inteligível que as coisas sensíveis.

5. Respondo dizendo que a excelência do inteligível, ainda que não corrompa o intelecto, mas o reforce, porém, excede, às vezes, a representação da forma pela qual o intelecto intelige; e por essa causa a excelência do inteligível impede o intelecto. E segundo isso é verdadeiro o que se diz no livro II da *Metafísica*[48] que *o intelecto se relaciona com as coisas mais manifestas da natureza como o olho do morcego com relação à luz do Sol.*

6. Respondo dizendo que não se requer a graça para ver a Deus por essência, como uma disposição imediata para a visão; mas porque pela graça o homem merece que se lhe dê a luz da glória pela qual vê a Deus na essência.

7. Respondo dizendo que a fé é conhecida por sua essência, enquanto sua essência se une ao intelecto como forma do inteligível, e não de outro modo. Contudo, não se une assim a essência divina ao intelecto criado no estado de via,[49] mas como o que o sustenta no ser.

8. Respondo dizendo que essa divisão não é por realidades opostas, mas por oposições de razão; e, por isso, nada impede que algo exista por essência de um modo na alma, e de outro modo por similitude ou por imagem; pois na mesma alma existe a imagem e similitude de Deus, ainda que Deus esteja nela por essência.

---

48. ARISTÓTELES, *Metaphysica*, II, c. 1, 993b9. [*Metafísica*, obra publicada em *Clássicos Edipro*. (N.E.)]

49. O termo "via" significa aqui o "estado da vida presente" em contraposição ao "estado da vida futura", que se refere à vida eterna, à visão de Deus face a face.

9. Respondo dizendo ao nono como ao primeiro.

10. Respondo dizendo que nem a graça santificante nem a graça dada de graça são suficientes para ver a Deus pela essência, a não ser que a graça seja consumada, que é a luz da glória.

11. Respondo dizendo que as coisas antes de existirem em sua própria natureza não só existiram no Verbo, mas também na mente angélica; e, assim, puderam ser vistas, ainda que o Verbo não fosse visto por essência.

12. Respondo dizendo que tal como diz o Filósofo, no livro II do *Sobre o céu e o mundo*,[50] há nas coisas um múltiplo grau de perfeição. Com efeito, o primeiro grau e mais perfeitíssimo é tal que algo tenha sua bondade sem movimento e sem ajuda de outra coisa; assim como há uma saúde perfeitíssima nisto que é por si são sem auxílio da medicina; e esse grau é da divina perfeição. O segundo grau é disto que pode conseguir a bondade perfeita com um módico auxílio e com um pequeno movimento, assim como isto que tem saúde com módico exercício. O terceiro grau é disto que adquire perfeita bondade com muitos movimentos, assim como aquele que adquire uma perfeita saúde com muitos exercícios. O quarto grau é disto que nunca pode adquirir perfeita bondade, mas adquire algo da bondade por muitos movimentos. O quinto grau é disto que não pode adquirir algo da bondade, nem tem algum movimento para isso, como é o grau na saúde daquilo que não pode ser sanado, por isso não recebe qualquer medicina. Portanto, as naturezas irracionais de nenhum modo podem alcançar a bondade perfeita, que é a bem-aventurança; mas alcançam alguma bondade imperfeita, que é

---

50. ARISTÓTELES, *De caelo*, II, c. 12, 292a22. [*Do céu*, obra publicada em *Clássicos Edipro*. (N.E.)]

seu fim natural, que conseguem com a força de sua natureza. Ora, as criaturas racionais podem conseguir a bondade perfeita, isto é, a bem-aventurança; porém, para consegui-la, necessitam de mais coisas do que as naturezas inferiores para conseguir seus fins. E, por isso, ainda que sejam mais nobres, porém, não se segue que por próprias forças naturais possam atingir seu fim, assim como as naturezas inferiores. Com efeito, que alguém atinja a bem-aventurança por si mesmo é só de Deus.

13. E, de modo semelhante, respondo dizendo ao décimo terceiro, com relação à ordem das potências.

14. Respondo dizendo que pela luz da glória, ainda que o intelecto criado nunca se eleve até o ponto que não diste dele infinitamente a essência divina, porém, por essa luz se faz com que o intelecto se una à essência divina como a forma do inteligível; o que não pode ocorrer de outra maneira.

15. Respondo dizendo que o anjo, com suas próprias forças naturais, pode conhecer a Deus por sua similitude, mas essa não é a visão de Deus por essência.

16. Respondo dizendo que a conformidade natural com Deus, que existe no intelecto do anjo, não é de modo que o intelecto do anjo seja proporcionado à essência divina como à sua forma inteligível, mas nisto que não recebe o conhecimento das coisas sensíveis a partir do sentido, como nós recebemos; e quanto a outras coisas nas quais o intelecto do anjo convém com Deus, também difere do intelecto humano.

17. Respondo dizendo que algo é visto de três modos. De um modo, por sua essência; como quando a mesma essência visível se une à visão, como o olho vê a luz. De outro modo, por espécie; a saber, quando a similitude da coisa mesma se imprime na visão mesma, como quando vejo a pedra. De um terceiro modo, por um espelho; e isso se dá quando a similitude da coisa pela qual se conhece não se faz na visão imediatamente pela própria coisa, mas por isto no qual se representa a similitude da coisa; como no espelho refletem as espécies das coisas sensíveis. Portanto, ver a Deus no primeiro modo é natural só a Deus, acima da natureza do homem e do anjo; mas ver a Deus no segundo modo é natural ao anjo; porém, ver a Deus no terceiro modo é natural ao próprio homem, que vem ao conhecimento de Deus a partir das criaturas enquanto que de algum modo representam a Deus. Por isso, quando se diz que todo conhecimento é ou por essência, ou no espelho, deve-se entender do conhecimento humano; porém, o conhecimento que o anjo tem naturalmente de Deus é intermediário entre esses dois.

18. Respondo dizendo que a imagem de uma coisa pode ser considerada de dois modos. De um modo, enquanto é certa realidade; e como é uma coisa distinta daquilo do qual é imagem, por esse modo o movimento da potência cognitiva até a imagem será distinto daquele até a coisa da qual é imagem. De outro modo, considera-se enquanto é imagem; e, assim, o mesmo é o movimento até a imagem, e até isso do qual é imagem; e, assim, quando algo é conhecido por similitude existente em seu efeito, o movimento do conhecimento pode passar imediatamente para a causa, sem isso que se pensa em alguma outra coisa. E deste modo o intelecto do viador pode pensar a Deus, sem pensar em uma criatura.

19. Respondo dizendo que aquelas coisas que estão essencialmente na alma e se unem a ela como formas inteligíveis são inteligidas pela alma por sua essência; porém, a essência divina não está de tal maneira na alma do viador; e, por isso, o argumento não procede.

20. Respondo dizendo que esse argumento procede da espécie abstraída da coisa, que é necessário que seja mais simples do que a coisa mesma. Contudo, tal similitude não é aquela pela qual o intelecto criado conhece a Deus naturalmente, mas é similitude impressa pelo mesmo; e, por isso, o argumento não procede.

Artigo 4
Quarto, pergunta-se se o anjo, vendo a Deus por essência, conhece todas as coisas[51]

E parece que sim.

---

51. Lugares paralelos: *Super Sent.* III, d. 14, a. 2, qc. 2; ibid., IV, d. 45, q. 3, a. 1 e d. 49, q. 2, a. 5; *De ver.* q. 20, a. 4 e 5; *Cont. Gent.* III, cap. 56 e 59; *Sum. Th.* I, q. 12, a. 8 e q. 57, a. 5; ibid., q. 106, a. 1, ad 1 e III, q. 10, a. 2.

Argumentos

1. Assim como diz Isidoro,⁵² *os anjos veem no Verbo de Deus todas as coisas antes que sejam feitas.*

2. Além do mais, toda visão vê aquilo cuja similitude está junto a ela. Ora, a essência divina, que é similitude de todas as coisas, une-se ao intelecto como forma inteligível. Logo, o anjo, vendo a Deus por essência, vê todas as coisas.

3. Além do mais, se o anjo não conhece todas as coisas, é necessário que ocorra ou por defeito do intelecto angélico, ou por defeito das coisas cognoscíveis, ou do defeito do meio. Ora, não por defeito do intelecto angélico, pois o anjo é *espelho puro e incontaminado*, como diz Dionísio;⁵³ nem também por defeito dos objetos inteligíveis, porque todas as coisas são cognoscíveis

---

52. ISIDORO, *Sent.* (ou *De summo bono*) I, c. 10, c. 17: PL 83, 556 C.
53. PSEUDO-DIONÍSIO, *De divinis nominibus*, § 22: PG 3, 724 B.

na essência divina; nem inclusive por defeito do meio pelo qual conhecem, porque a essência divina representa perfeitamente todas as coisas. Logo, o anjo, vendo a Deus, vê todas as coisas.

4. Além do mais, o intelecto angélico é mais perfeito do que o intelecto da alma humana. Ora, a alma tem potência para conhecer todas as coisas; pois é *de algum modo todas as coisas*, como se diz no livro III do *Sobre a alma*,[54] segundo que é feita para conhecer todas as coisas. Portanto, também o intelecto angélico pode conhecer todas as coisas. Ora, nada é mais eficaz para induzir o intelecto angélico ao ato do conhecimento do que a essência divina. Logo, o anjo, vendo a essência divina, conhece todas as coisas.

5. Além do mais, assim como diz Gregório,[55] o amor na pátria celeste é igual ao conhecimento: porque ali cada um amará tanto quanto conhece. Ora, o que ama a Deus amará n'Ele todas as coisas amáveis. Logo, vendo o mesmo, verá todas as coisas inteligíveis.

6. Além do mais, se o anjo, vendo a Deus, não vê todas as coisas, isso não é senão porque todas as coisas inteligíveis são infinitas. Ora, o mesmo não está impedido de inteligir por razão da infinidade do inteligível, porque a essência divina dista dele como o infinito ao finito. Logo, parece que o anjo, vendo a Deus, pode ver todas as coisas.

7. Além do mais, o conhecimento do compreensor[56] excede o conhecimento do viador, por mais que este seja elevado.

---

54. ARISTÓTELES, *De anima*, III, c. 8, 431b21. [*Da Alma*, obra publicada em *Clássicos Edipro*. (N.E.)]
55. GREGÓRIO, *In Ez.*, II, hom. 9: PL 76, 1048 C.
56. Por *compreensor* entende-se quem já tem a visão beatífica, contrário ao *viador*, que ainda não tem a visão beatífica.

Ora, a algum viador podem ser relevadas todas as coisas: o que, de fato, é claro com relação às coisas presentes, porque ao bem-aventurado Bento lhe foi mostrado simultaneamente todo o mundo, como se diz no livro II de *Os diálogos*;[57] e também pode ser claro com relação às coisas futuras, porque Deus revela a um profeta algumas coisas futuras, e pela mesma razão, pode revelar todas as coisas; e por uma razão similar ocorre com as coisas pretéritas. Logo, com muito maior força de razão, o anjo, vendo a Deus, conhece com a visão da pátria celeste todas as coisas.

8. Além do mais, diz Gregório no livro IV de *Os diálogos*:[58] *o que é aquilo que não veem quando veem o que vê todas as coisas?* Ora, os anjos veem por essência a Deus, que conhece todas as coisas. Logo, os anjos conhecem todas as coisas.

9. Além do mais, o poder do anjo ao conhecer não é menor do que o poder da alma. Ora, diz Gregório no livro II de *Os diálogos*:[59] *para a alma que vê o Criador, toda criatura é pequena*. Logo, também com anjo; e, assim, o mesmo que antes.

10. Além do mais, a luz espiritual penetra de maneira mais veemente na mente do que a luz corporal no olho. Ora, se a luz corporal fosse a razão suficiente de todas as coisas, penetrando no olho, manifestaria todas as coisas. Logo, quando o mesmo Deus, que é a luz espiritual e a razão perfeita de todas as coisas, penetra na mente do anjo que O vê, o anjo, conhecendo-O, conhece todas as coisas.

---

57. GREGÓRIO, *Liber dialogorum*, II, cap. 35: PL 66, 198 B.
58. GREGÓRIO, *Liber dialogorum*, IV, cap. 33: PL 77, 376 B.
59. GREGÓRIO, *Liber dialogorum*, II, cap. 35: PL 66, 200 A.

11. Além do mais, o conhecimento é como certo contato do cognoscente e do cognoscível. Ora, se se toca uma coisa simples, toca-se qualquer coisa que há nela. Ora, Deus é simples. Logo, se é conhecido, são conhecidas todas as razões das coisas que estão n'Ele.

12. Além do mais, o conhecimento de nenhuma criatura é da substância da bem-aventurança. Logo, para o conhecimento da bem-aventurança, as criaturas parecem se encontrar de modo igual. Portanto, ou o bem-aventurado conhece todas as criaturas, ou não conhece nenhuma. Ora, não conhece nenhuma. Logo, conhece todas as coisas.

13. Além do mais, toda potência não reduzida ao ato é imperfeita. Ora, o intelecto do anjo está em potência para conhecer todas as coisas; do contrário, seria inferior ao intelecto humano, o qual *pode se tornar todas as coisas*.[60] Logo, se no estado de bem-aventurança não conhecesse todas as coisas, permaneceria imperfeito seu conhecimento; o que parece repugnar a perfeição da bem-aventurança, que suprime toda a imperfeição.

14. Além do mais, se o anjo bem-aventurado não conhecesse todas as coisas, por estar em potência para conhecer todas as coisas, poderia depois conhecer algo que antes não conhecia. Ora, isso é impossível, porque, assim como diz Agostinho no livro XV do *Sobre a Trindade*,[61] nos anjos bem-aventurados *não existem pensamentos volúveis*; o que se daria se conhecessem algo que antes não conheciam; portanto os anjos bem-aventurados que veem a Deus veem todas as coisas.

---

60. ARISTÓTELES, *De anima*, III, c. 5, 430a14.
61. AGOSTINHO, *De Trinitate*, XV, cap. 16: PL 42, 1079.

15. Além do mais, a visão da bem-aventurança se mede pela eternidade, por isso também se diz vida eterna. Ora, na eternidade nada é anterior e posterior. Portanto, nem na visão da bem-aventurança; logo, não pode ser que seja conhecido algo que antes não tinha sido conhecido; e, assim, o mesmo que antes.

16. Além do mais, diz-se em Jo 10,9: *entrará, sairá e encontrará pastagem*; sobre o qual se expõe no livro *Sobre o espírito e a alma*[62] assim: *entrará para contemplar a divindade do Salvador, sairá para contemplar sua humanidade, e em ambos os lugares encontrará um glorioso alimento espiritual*. Mas, a visão exterior se alimentará tão perfeitamente na humanidade do Salvador, que nada existente em seu corpo lhe estará oculto. Logo, também o olho da mente se alimentará na divindade mesma, de modo que nada que exista nela será ignorado por ele; e, assim, conhecerá todas as coisas.

17. Além do mais, como se diz no livro III do *Sobre a alma*,[63] o intelecto que intelige o máximo inteligível não intelige menos as coisas menos inteligíveis, mas mais. Ora, o máximo inteligível é Deus. Logo, o intelecto, vendo a Deus, vê todas as coisas.

18. Além do mais, o efeito se conhece de modo máximo pelo conhecimento de sua causa. Ora, Deus é a causa de todas as coisas. Logo, o intelecto de quem vê a Deus conhece todas as coisas.

19. Além do mais, as cores pintadas em uma mesa, para isto que são conhecidas com a visão, não precisam senão da

---

62. PSEUDO-AGOSTINHO, *De spiritu et anima*, cap. 9: PL 40, 785.
63. ARISTÓTELES, *De anima*, III, c. 7, 429b3.

luz que as ilumina, pela qual as torna visíveis em ato. Ora, as razões de todas as coisas são inteligíveis em ato na essência divina, iluminadas pela luz divina. Logo, o intelecto, que vê a essência divina, vê todas as coisas por razões de todas as coisas.

Ao contrário

1. É o que se diz em Ef 3,10: *para dar agora a conhecer aos Principados e às Autoridades nas regiões celestes, por meio da Igreja, a multiforme sabedoria de Deus*; sobre isso diz a glosa de Jerônimo,[64] que os anjos são ensinados sobre o mistério da Encarnação pela pregação da Igreja. Logo, antes da pregação o ignoravam, e, porém, viram a Deus por essência. Logo, os que veem a Deus por essência não conhecem todas as coisas.

2. Além do mais, Dionísio diz no fim de *A hierarquia celeste*,[65] que *muitas razões dos sacramentos são escondidas às essências elevadas*; e, assim, o mesmo que antes.

3. Além do mais, nenhuma coisa se iguala a outra em extensão que seja segundo a quantidade de massa, a não ser que seja igual a ela segundo a quantidade de massa. Logo, também nada se iguala a outra coisa em extensão da quantidade virtual, a não ser que se iguale a ela em virtude. Ora, o intelecto do anjo não é igual ao intelecto divino em virtude. Logo, não pode ser que o intelecto do anjo se estenda a todas as coisas às quais se estende o intelecto divino.

---

64. Cfr. *Glosa* de PEDRO LOMBARDO: PL 192, 189 B; cf. JERÔNIMO. *Comment. in epist. ad Eph.* II: PL 26, 514 C-D.

65. PSEUDO-DIONÍSIO, *De caelesti hierarchia*, cap. 7, pars 3, § 11: PG 3, 568 A.

4. Além do mais, os anjos, por terem sido feitos para louvar a Deus, louvam o mesmo segundo isto que O conhecem. Ora, nem todos O louvam de maneira igual, como é claro por Crisóstomo[66] sobre João. Logo, alguns conhecem n'Ele mais coisas do que outros. E, porém, os anjos que conhecem menos veem a Deus por essência; logo, o que vê a Deus por essência não vê todas as coisas.

5. Além do mais, o conhecimento e a alegria são da substância da bem-aventurança angélica. Ora, os anjos podem bem se alegrar de algo do qual antes não se alegravam, como o pecador convertido, como se diz em Lc 15,10: *há alegria diante dos anjos de Deus por um só pecador que se arrependa.* Portanto, também podem conhecer as coisas que antes não conheciam. Logo, os que veem a Deus por essência ignoram algumas coisas.

6. Além do mais, nenhuma criatura pode ser sumamente boa ou sumamente potente. Logo, nem conhece todas as coisas.

7. Além do mais, o conhecimento divino excede infinitamente o conhecimento da criatura. Logo, não pode ser que todas as coisas que Deus sabe a criatura as conheça.

8. Além do mais, diz-se em Jr 17,9s: *o coração é falso como ninguém, ele é incorrigível; quem poderá conhecê-lo? Eu, o Senhor.* A partir disso, parece que os anjos, vendo a Deus por essência, não conhecem os segredos dos corações, e dessa maneira não conhecem todas as coisas.

---

66. CRISÓSTOMO, *Hom.*, 15, n. 1: PG 59, 98.

Respondo

Respondo dizendo que Deus, vendo a sua essência, conhece certas coisas da visão, a saber, as coisas pretéritas, presentes e futuras; porém, outras, com a ciência de simples inteligência, a saber, todas aquelas coisas que pode fazer, ainda que não existam, nem tenham existido, nem existirão no futuro. Contudo, parece impossível que alguma criatura, vendo a essência divina, saiba todas as coisas que Deus sabe com ciência de simples conhecimento. Com efeito, consta que, quanto mais perfeitamente alguém conhece uma causa, a partir do conhecimento da causa, pode chegar ao conhecimento de muitos efeitos; como aquele que conhece mais perfeitamente algum princípio da demonstração pode a partir dele deduzir muitas conclusões. Logo, se algum intelecto conhece a partir do conhecimento de uma causa todos os seus efeitos, é necessário que alcance o perfeito modo de conhecimento dessa causa e, assim, compreenda essa causa; o que é impossível com relação à essência por parte do intelecto criado, como é claro pelo dito. Por isso é impossível que algum intelecto criado, vendo a essência divina, conheça todas as coisas que possam ser causadas a partir dela.

Ora, é possível que algum intelecto criado, vendo a essência de Deus, conheça todas as coisas que Deus sabe com a ciência da visão, como todos sustentam com relação à alma de Cristo. No entanto, dos outros que veem a Deus por essência, há uma dupla opinião. Com efeito, alguns dizem que é necessário que todos os anjos e as almas dos bem-aventurados, vendo a essência de Deus, conheçam todas as coisas, assim como o que vê um espelho vê todas as coisas que reluzem no espelho. Mas isso parece repugnar os ditos dos santos, e principalmente de Dionísio, que diz no capítulo VI de *A hierarquia celeste*,[67] que os anjos inferiores são purificados da ignorância pelos superiores; e, assim, é necessário admitir que os anjos superiores conhecem algumas

---

67. PSEUDO-DIONÍSIO, *De hierarchia Ecclesiasticae*, pars. 3, § 6: PG 3, 537 B.

coisas que os inferiores ignoram, ainda que todos comumente contemplem a Deus. E, por isso, deve-se dizer que as coisas não estão na essência divina como distintas em ato; mas antes n'Ele todas as coisas são unas, como diz Dionísio,[68] pelo modo com o qual muitos efeitos estão unidos em uma só causa. Contudo, as imagens resultantes em um espelho são distintas em ato; e, por isso, o modo pelo qual todas as coisas estão na essência divina é mais semelhante ao modo pelo qual os efeitos estão na causa, do que o modo pelo qual as imagens estão no espelho. No entanto, não é necessário que qualquer um que conheça a causa conheça todos os seus efeitos que podem ser produzidos a partir dela; o que não ocorre em nenhum intelecto criado com relação à essência divina. Assim, só em Deus é necessário que, por isso que vê a sua essência, conheça todas as coisas que pode fazer. Sendo assim, também, com relação aos efeitos que a partir dela são produzidos, tanto mais alguém os conhece vendo a essência de Deus, quanto mais plenamente a vê. E, por isso, à alma de Cristo, que vê mais perfeitamente a Deus que todas as criaturas, é-lhe atribuído que conhece todas as coisas, presentes, pretéritas e futuras; os outros, porém, não, mas que cada um, segundo a medida com a qual vê a Deus, vê muitos ou poucos efeitos que procedem do mesmo.

Respostas aos argumentos

1. Respondo, portanto, dizendo que, assim como diz o Mestre no livro II das *Sentenças*[69]: *os anjos veem no Verbo todas as coisas antes de serem feitas*; isso não se entende de todos os anjos, mas talvez do que são superiores; nem também estes veem todas as coisas perfeitamente, mas talvez saibam algumas coisas em comum, e quase apenas de modo implícito. Ou, pode-se dizer que

---

68. PSEUDO-DIONÍSIO, *De divinis nominibus*, cap. 5, § 8: PG 3, 824 C.
69. PEDRO LOMBARDO, *Lib. Sent.*, II, d. 11, c. 2.

sobre uma coisa cognoscível podem-se entender muitas razões, assim como de um triângulo são feitas muitas demonstrações; e pode ser que alguém conheça de um triângulo o que é, e desconheça todas as coisas que podem ser sabidas sobre um triângulo. Portanto, uma coisa é conhecer todas as coisas, e outra coisa é conhecer todas as coisas inteligíveis das coisas. Contudo, parece bastante provável que todos que veem a Deus por essência conheçam todas as criaturas ao menos segundo suas espécies, e isso é o que diz Isidoro, que *sabem no Verbo todas as coisas antes de serem feitas*; pois o fazer-se é da coisa, não da razão inteligível. Contudo, não é necessário que um anjo saiba todas as razões inteligíveis da mesma; e se talvez soubesse todas as propriedades naturais que são conhecidas com a compreensão da essência, porém não a sabe segundo todas as razões pelas quais está submetida à ordem da providência divina, pela qual uma coisa se ordena a vários eventos. E sobre essas razões os anjos inferiores são iluminados pelos supremos. E isso é o que diz Dionísio no capítulo IV do *Sobre os nomes divinos*,[70] que os anjos superiores ensinam os inferiores as noções sabíveis das coisas.

2. Respondo dizendo que esse argumento procede quando a visão se une à semelhança segundo todo o poder da semelhança mesma; pois, então, é necessário que a visão conheça tudo isso ao qual se estende a semelhança da visão. Contudo, o intelecto criado não se une dessa maneira à essência divina; e, por isso, o argumento não procede.

3. Respondo dizendo que isso que o anjo, vendo a Deus, não vê todas as coisas, acontece pelo intelecto do mesmo, que não se une à essência divina segundo todo o seu poder. Contudo, esse defeito não repugna sua pureza, como foi dito anteriormente.

---

70. PSEUDO-DIONÍSIO, *De divinis nominibus*, c. 4, § 1: PG 3, 693 C.

4. Respondo dizendo que a alma, segundo a potência natural, não se estende a mais coisas inteligíveis do que àquelas que podem ser manifestadas pela luz do intelecto agente; que são as formas abstraídas das coisas sensíveis. E, de modo semelhante, a potência natural do intelecto angélico é para conhecer todas aquelas coisas que se manifestam com sua luz natural, que não é suficientemente manifestativo de todas as coisas que se escondem na sabedoria de Deus. E, além disso, também daquelas coisas que a alma pode conhecer de modo natural, não toma o conhecimento senão por meio do que lhe é proporcionado; por isso, com a apreensão de um único e mesmo meio, alguém pode chegar ao conhecimento de alguma conclusão ao qual outro, de engenho mais lento, não pode chegar. E, de modo semelhante, a partir da visão da essência de Deus, um anjo superior conhece muitas coisas que um inferior não pode conhecer; porém, o seu conhecimento é reduzido por meio mais proporcionado a ele, como pela luz do anjo superior. Por isso, é necessário que um anjo ilumine a outro.

5. Respondo dizendo que o afeto termina nas coisas mesmas; mas o intelecto não só se estabelece nas coisas, mas divide as coisas em muitas intenções; por isso, essas intenções são entendidas, porém não são amadas; mas podem ser princípio ou razão do amor; todavia, o amado é propriamente a coisa mesma. E porque os anjos, vendo a Deus por essência, conhecem todas as criaturas, podem amá-las todas. Ora, porque não apreendem neles todas as razões inteligíveis, não as amam segundo todas as razões com as quais podem ser amadas.

6. Respondo dizendo que, ainda que Deus diste do intelecto angélico como o infinito do finito, porém, os anjos não conhecem a Deus segundo o modo de sua infinidade, porque não O conhecem infinitamente; e, por isso, não é necessário que conheçam todas as coisas infinitas que Deus conhece.

7. Respondo dizendo que Deus poderia revelar a um viador tantas coisas até o ponto de que entenderia das criaturas mais coisas do que o intelecto de um compreensor; e, de modo semelhante, Deus poderia revelar a qualquer compreensor inferior todas as coisas que um superior entende, ou ainda mais. Mas agora não investigamos isso; porém isso só se segue se algum intelecto criado conhece todas as coisas a partir do que vê da essência de Deus.

8. Respondo dizendo que as palavras de Gregório podem ser entendidas destas coisas que pertencem à substância da bem-aventurança. Ou se pode dizer que Gregório fala quanto à suficiência de meio, porque a mesma essência divina é suficiente meio demonstrativo de todas as coisas. Por isso quer sustentar que não é estranho que, vista a essência divina, sejam conhecidas as coisas futuras; mas que todas as coisas não sejam conhecidas é do defeito do intelecto que não as compreende.

9. Respondo dizendo que dessa autoridade se encontra que, a partir disto que a alma vê a essência divina, toda a criatura lhe é pequena, isto é, nenhuma criatura lhe está oculta por razão da eminência da criatura mesma. Mas pode existir outra razão desse ocultamento: a saber, porque não se lhe une um meio proporcionado por meio do qual possa conhecer essa criatura.

10. Respondo dizendo que esse argumento procederia se o olho corporal recebesse em si mesmo a luz corporal segundo todo o seu poder; o que é claro que não está no atual propósito.

11. Respondo dizendo que o intelecto, tocando a Deus com seu conhecimento, conhece todo Ele, mas não totalmente;[71] e, por isso, conhece tudo isto que está em ato no mesmo. Ora, não é necessário que conheça sua relação com todos os seus efeitos; o que é conhecer o mesmo, segundo que é a razão de todos os seus efeitos.

12. Respondo dizendo que, ainda que nenhum conhecimento da criatura seja da substância da bem-aventurança como beatificante, porém, algum conhecimento da criatura pertence à bem-aventurança como necessário para algum ato do bem-aventurado; assim como à bem-aventurança do anjo pertence que conheça todas as coisas que correspondam a seus ofícios; e, de modo semelhante, pertence à bem-aventurança dos santos que conheçam as coisas que implicam os benefícios deles, ou também as outras criaturas a partir das quais devem louvar a Deus. Ou se deve dizer inclusive que se o conhecimento da criatura não pertencesse de nenhum modo à bem-aventurança, porém, não se segue que todo conhecimento da criatura se relaciona de modo igual com a visão da bem-aventurança. Com efeito, conhecida uma causa, de modo pronto se dá que alguns efeitos são conhecidos nela, porém outros ficam mais ocultos; assim como é claro que a partir dos princípios da demonstração de maneira imediata se extraem algumas conclusões, porém outras não a não ser por muitos meios; e cada um por si não pode ter o conhecimento delas, mas é necessário que sejam ajudados por outro. De modo semelhante, também ocorre com o conhecimento das razões inteligíveis dos efeitos com relação à essência divina; porque alguns estão mais ocultos, outros

---

71. Uma analogia: quando alguém vê toda a floresta não a conhece totalmente, ou seja, na essência total de cada uma das árvores que compõe a floresta. A visão do todo não é necessariamente o conhecimento absoluto da totalidade.

mais manifestos; e, por isso, a partir da visão da essência divina, certas coisas são conhecidas, outras não.

13. Respondo dizendo que algo está em potência para outra coisa de dois modos. De um modo, em potência natural; e, assim, o intelecto criado está em potência para conhecer todas aquelas coisas que podem ser manifestas com sua luz natural, e o anjo bem-aventurado nada ignora dessas coisas; pois se tivesse a ignorância dessas coisas, o intelecto do anjo permaneceria imperfeito. De fato, a potência de algumas coisas é só de obediência, como se diz que algo está em potência para aquelas coisas que Deus pode fazer nele acima da natureza; e se tal potência não se reduz ao ato, não será uma potência imperfeita: e, por isso, o intelecto do anjo bem-aventurado não é imperfeito, se não conhece todas as coisas que Deus pode lhe revelar. Ou se deve dizer que, se alguma potência se ordena a duas perfeições, das quais a primeira é por causa da segunda, não será uma potência imperfeita, se tem a segunda sem a primeira; assim como se tem a saúde sem os auxílios da medicina que fazem a saúde. Com efeito, todo conhecimento da criatura se ordena ao conhecimento de Deus. E, por isso, a partir disto que o intelecto criado conhece a Deus, mesmo dado por impossível que não conhecesse nenhuma criatura, não seria imperfeito. Nem também o intelecto que vê a Deus, que conhece muitas criaturas, é mais perfeito pelo conhecimento das criaturas; mas por isto que conhece a Deus mais perfeitamente: assim diz Agostinho no livro das *Confissões*:[72] *infeliz o homem que conhece todas as coisas*, a saber, as criadas, *mas não te conhece: porém bem-aventurado o que te conhece, mesmo que não conheça aquelas coisas. Mas se te conhece e aquelas coisas, não por elas seria mais bem-aventurado, mas apenas é bem-aventurado por ti.*

---

72. AGOSTINHO, *Confessiones*, V, c. 4: PL 32, 708.

14. Respondo dizendo que a volubilidade dos pensamentos, que é removida dos anjos bem-aventurados, pode ser entendida de dois modos. De um modo, que o pensamento se diga volúvel pelo discurso sobre os efeitos nas causas, ou o inverso; discurso que, de fato, é próprio da razão, que a claridade do intelecto angélico excede. De outro modo, a volubilidade pode se referir à sucessão das coisas que são pensadas. E, assim, se deve saber que, quanto a este conhecimento pelo qual os anjos conhecem as coisas no Verbo, não pode existir sucessão, porque conhecem diversas coisas por uma. Mas quanto àquelas coisas que conhecem por espécies inatas, ou por iluminação dos anjos superiores, ali há sucessão; por isso diz Agostinho no livro VIII do *Comentário literal ao Gênesis*[73] que *Deus move a criatura espiritual pelo tempo*: o que é mudar por afecções.

15. Respondo dizendo que a visão da bem-aventurança é aquela pela qual se vê a Deus por essência, e a coisa em Deus. E nela não há sucessão alguma; nem nela os anjos progridem; como nem na bem-aventurança. Mas na visão das coisas por espécies inatas, ou por iluminações das coisas superiores, podem progredir. E quanto a isso, essa visão não é medida pela eternidade, mas pelo tempo; não certamente pelo tempo que é medida do movimento do primeiro móvel, do qual fala o Filósofo, mas pelo tempo não contínuo, com o qual se mede a criação das coisas; que não é outra coisa do que a numeração do anterior e posterior na criação das coisas ou na sucessão dos intelectos angélicos.

16. Respondo dizendo que o corpo de Cristo é finito, e pode ser compreendido pela visão corporal. Contudo, a essência

---

73. AGOSTINHO, *Super Genesim ad litteram*, VIII, cap. 20: PL 34, 388.

divina não é compreendida com a visão espiritual, pois é infinita; e por isso não é similar.

17. Respondo dizendo que esse argumento não procederia se o intelecto conhecesse perfeitamente o que é maximamente cognoscível, que é Deus; mas porque não é assim, o argumento não procede.

18. E, de modo semelhante, respondo dizendo sobre a causa e o efeito, como é claro pelo que foi dito antes.

19. Respondo dizendo que as razões das coisas não estão em Deus no modo como as cores estão em uma mesa ou em uma parede, como é claro pelo dito no corpo do artigo, e por isso o argumento não procede.

Resposta ao contrário

Concedemos os outros argumentos, porque concluem o verdadeiro, ainda que não do modo devido.

Artigo 5
Quinto, pergunta-se se a visão das coisas no Verbo se realiza por algumas similitudes das coisas existentes no intelecto angélico[74]

E parece que sim.

---

74. Lugares paralelos: *Super Sent*. III, d. 14, a. 1, qc. 4 e 5; *Sum. Th.* I, q. 12, a. 9.

Argumentos

1. Todo conhecimento é por assimilação do cognoscente com o conhecido. Portanto, se o intelecto angélico conhece algumas coisas no Verbo, é necessário que conheça as coisas por algumas similitudes existentes nele.

2. Além do mais, assim como se relaciona a realidade corporal com a visão corporal, assim também se relaciona a espiritual com a visão espiritual. Ora, a realidade corporal não é conhecida pela visão corporal senão por alguma impressão da coisa existente na mesma. Logo, de modo semelhante, ocorre com a visão espiritual.

3. Além do mais, a glória não destrói a natureza, mas a aperfeiçoa. Ora, o conhecimento natural do anjo se dá por algumas espécies. Logo, também o conhecimento da glória, que é a visão no Verbo, dá-se por similitudes das coisas.

4. Além do mais, todo conhecimento é por alguma forma. Ora, o Verbo não pode ser forma do intelecto, a não ser talvez exemplar, porque não é forma intrínseca de coisa alguma. Logo, é necessário que o intelecto do anjo conheça por algumas outras formas aquelas coisas que conhece no Verbo.

5. Além do mais, Paulo no rapto viu a Deus por essência, como é claro em 2 Cor 13,4, do qual diz a Glosa[75] que ali *viu palavras arcanas, que não podiam ser faladas pelo homem*. Contudo, não esqueceu essas palavras depois que deixou de ver o Verbo por essência. Logo, é necessário que as conhecesse por algumas similitudes remanescentes no intelecto. E pela mesma razão os anjos que conhecem no Verbo conhecem por algumas similitudes, como parece.

6. Mas se poderia dizer que, afastando-se do Verbo, permaneceriam na alma de Paulo certos resquícios dessa visão, a saber, certas impressões ou similitudes, pelas quais poderia se recordar das coisas que tinha visto no Verbo, assim como ao se afastar das coisas sensíveis, permanecem suas impressões no sentido. – Mas, ao contrário, uma coisa se imprime mais em outra quando está presente do que em sua ausência. Logo, se o Verbo, em sua ausência, deixou impressão no intelecto de Paulo, logo também em sua presença.

Ao contrário

1. Qualquer coisa que é em Deus é Deus. Logo, se o anjo que vê a essência de Deus não a vê por alguma similitude, também não vê as ideias das coisas existentes nele por alguma similitude.

---

75. *Glosa* de PEDRO LOMBARDO, *Super* II Cor 13,4: PL 192, 83 A.

2. Além do mais, as noções das coisas refletem no Verbo como as imagens no espelho. Ora, por uma similitude do espelho se veem todas as coisas que reluzem no espelho. Logo, também pela mesma forma do Verbo são vistas todas as coisas que são conhecidas no Verbo.

3. Além do mais, o intelecto do anjo é como uma tábua pintada, pois *toda inteligência é plena de formas*, como se diz no livro *Sobre as causas*.[76] Ora, a uma tábua pintada não se lhe acrescentam outras pinturas; pois, por isso, se prova no livro III do *Sobre a alma*,[77] que o intelecto possível pode receber todas as coisas, porque é *como uma tábua na qual não há coisa alguma escrita*. Logo, não pode ser que o anjo tenha algumas similitudes das coisas que conhece no Verbo.

Respondo

Respondo dizendo que todo conhecimento se dá por assimilação do cognoscente ao conhecido. Contudo, qualquer coisa que se assimila a algo conforme isso que este é símile a um terceiro, o mesmo é também símile ao terceiro; como se um filho se assemelha a um pai nisto que o pai é semelhante ao avô, também o filho se assemelha ao avô. Portanto, uma coisa se assemelha a outra de dois modos: de um modo, por isto que sua similitude recebe dela em si de modo imediato; de outro modo, por isto que se assemelha a outra que é símile a ela. E, assim, também o conhecimento se dá de dois modos: pois conhecemos por visão Sócrates enquanto nossa visão se assemelha ao mesmo Sócrates, e também enquanto se assemelha à imagem de Sócrates; e cada uma dessas assimilações é suficiente para conhecer Sócrates.

---

76. *Liber de causis*, prop. 10 (9).
77. ARISTÓTELES, *De anima*, III, c. 4, 429b31.

Portanto, digo que quando alguma coisa é conhecida por similitude de outra coisa, esse conhecimento não se faz por alguma outra similitude que seja imediatamente da mesma coisa conhecida; e se o cognoscente conhece uma e a mesma coisa por similitude própria e por similitude de outra coisa, serão conhecimentos diversos. E isso pode ser esclarecido desta maneira. Com efeito, há uma potência cognoscitiva que conhece apenas recebendo, não, porém, formando algo das coisas recebidas; como o sentido conhece absolutamente aquilo cuja espécie recebe, e nenhuma outra coisa. De fato, existe outra potência que não só conhece segundo que recebe, mas também por essas coisas que recebe pode formar alguma outra espécie; assim como é claro na imaginação, que, a partir da forma recebida do ouro e da montanha, forma certa imagem de uma montanha de ouro. E, de modo semelhante, ocorre no intelecto, porque pelas formas compreendidas do gênero e da diferença forma a quididade da espécie. Portanto, em tais potências, quando uma coisa é conhecida por similitude de outra coisa, às vezes, ocorre que além dessa similitude se forme outra espécie, que é imediatamente da coisa; assim como da estátua de Hércules vista pode se formar uma outra similitude que seja do mesmo Hércules imediatamente; mas esse conhecimento já é distinto daquele pelo qual Hércules é conhecido em sua estátua. Com efeito, se fosse o mesmo, então seria necessário que ocorresse em qualquer outra potência; o que parece manifestamente falso. De fato, quando a visão exterior vê Hércules em sua estátua, não se faz um conhecimento por alguma outra similitude do que por similitude da estátua.

Portanto, assim, digo que a mesma essência divina é similitude de todas as coisas; e, por isso, o intelecto do anjo pode conhecer as coisas por similitude das mesmas coisas e pela própria essência divina. Mas esse conhecimento pelo qual conhecerá por similitudes das coisas mesmas será outro do que o conhecimento pelo qual conhece as coisas pelo Verbo; ainda que também essas similitudes sejam causadas pela conjunção do intelecto angélico com o Verbo, ou pela operação do mesmo intelecto angélico, como foi dito da imaginação, ou, o que é mais verdadeiro, pelo influxo do Verbo.

Respostas aos argumentos

1. Respondo, portanto, dizendo que disso que a essência divina é similitude das coisas que são conhecidas pelo Verbo, o intelecto angélico unido à essência divina está suficientemente assimilado a essas coisas para conhecê-las.

2. Respondo dizendo que o Verbo pode fazer uma impressão no intelecto do anjo; mas o conhecimento que se dá por essa impressão é outro do que o conhecimento que se dá pelo Verbo, como foi dito.

3. Respondo dizendo que, ainda que a glória não destrua a natureza, porém a eleva a isto que por si não podia, isto é, a isso que vê as coisas pela mesma essência de Deus sem alguma similitude intermediária nessa visão.

4. Respondo dizendo que o Verbo não é forma intrínseca de coisa alguma, de maneira que seja parte da essência da coisa; porém, é forma intrínseca para o intelecto enquanto inteligível por si mesmo.

5. Respondo dizendo que Paulo, depois de deixar de ver a essência de Deus, teve memória das coisas que tinha conhecido no Verbo, por similitudes das coisas que permaneciam nele.

6. Respondo dizendo que essas similitudes que permaneceram depois da ausência do Verbo foram impressas também quando viu o Verbo por essência; porém, essa visão pela qual viu pelo Verbo não era por essas impressões, como é claro pelo dito no corpo do artigo.

Artigo 6
Sexto, pergunta-se
se o anjo conhece a si mesmo[78]

E parece que não.

---

78. Lugares paralelos: *Cont. Gent.* II, cap. 98; *Sum. Th.* I, q. 56, a. 1; *Super De anima* III, l. 9; *Super De causis,* l. 13.

Argumentos

1. Como diz Dionísio no capítulo VI de *A hierarquia celeste*,[79] os anjos ignoram suas virtudes. Ora, se se conhecessem por essência, conheceriam suas virtudes. Logo, o anjo não conhece sua essência.

2. Além do mais, se o anjo conhece a si mesmo, isso não é por alguma similitude, mas por sua essência: porque *nessas coisas que são sem matéria o intelecto e o inteligível são o mesmo*, como se diz no livro III do *Sobre a alma*.[80] Ora, não pode conhecer a si por sua essência, porque aquilo pelo qual intelige é forma do intelecto. Contudo, a essência do anjo não pode ser a forma de seu intelecto, pois o intelecto adere mais à essência como certa propriedade, ou forma. Logo, o anjo, de nenhum modo, conhece a si mesmo.

---

79. PSEUDO-DIONÍSIO, *De caelesti hierarchia*, VI, cap. 3, § 1: PG 3, 199 C.
80. ARISTÓTELES, *De anima*, III, c. 4, 430a3.

3. Além do mais, o mesmo não pode ser agente e paciente, movente e movido, a não ser deste modo que uma parte sua seja movente ou agente e outra seja movida ou passiva; como é claro nos animais, como se prova no livro VIII da *Física*.[81] Ora, o que intelige e o inteligido se encontram como o agente e o paciente. Logo, não pode ser que o anjo intelija a si mesmo todo.

4. Além do mais, se o anjo intelige a si por sua essência, é necessário que sua essência seja um ato de seu intelecto. Ora, nenhuma essência subsistente por si pode ser ato de alguma coisa, a não ser que seja ato puro: pois uma coisa material não pode ser forma de outra coisa; porém ser ato puro não convém à essência alguma a não ser à divina. Logo, o anjo não pode se conhecer por sua essência.

5. Além do mais, nada é inteligido a não ser na medida em que seja desprovido da matéria e das condições materiais. Ora, ser em potência é certa condição material, pela qual o anjo não pode ser desprovido. Logo, o anjo não pode inteligir a si mesmo.

6. Além do mais, se o anjo intelige a si por sua essência, é necessário que sua essência esteja em seu intelecto. Ora, isso não pode ser; pois antes o intelecto está na essência: com efeito, não pode ser que uma coisa esteja em outra e o inverso. Logo, o anjo não conhece a si por sua essência.

7. Além do mais, o intelecto do anjo tem potência mista. Contudo, nada se reduz da potência ao ato por si mesmo. Logo, como o intelecto se reduz ao ato de conhecimento pelo mesmo cognoscível, será impossível que o anjo intelija a si mesmo.

---

81. ARISTÓTELES, *Physica*, VIII, c. 7, 254b27.

8. Além do mais, nenhuma potência tem eficácia de agir a não ser pela essência na qual está radicada. Logo, o intelecto do anjo é eficaz para inteligir pelo poder de sua essência. Ora, não pode ser o mesmo o princípio do agir e do padecer. Portanto, como isso que se intelige é de algum modo como padecido, parece que o anjo não pode conhecer sua essência.

9. Além do mais, a demonstração é ato do intelecto. Ora, não pode o mesmo ser demonstrado pelo mesmo. Logo, não pode ser que o anjo intelija a si por sua essência.

10. Além do mais, o afeto se reflete em si pela razão que o intelecto faz. Ora, o afeto do anjo não se reflete em si a não ser por dileção natural, que é certo hábito natural. Logo, nem o anjo pode se conhecer a não ser mediante algum hábito; e, assim, não conhece a si por sua essência.

11. Além do mais, a operação é intermediária entre o agente e o paciente. Ora, o que intelige e o inteligido se encontram como o agente e o paciente. Portanto, como nada é intermediário entre uma coisa e a si mesma, parece impossível que o anjo intelija a si mesmo.

Ao contrário

1. O que pode uma potência inferior pode também a superior, como diz Boécio.[82] Ora, nossa alma conhece a si mesma. Logo, com muito maior razão o anjo.

---

82. BOÉCIO, *De consolatione philosophiae*, Prosa 4: PL 63, 849 B.

2. Além do mais, é esta a razão pela qual nosso intelecto inteligere a si mesmo, não, porém, o sentido, como diz Avicena,[83] porque o sentido utiliza o órgão corporal, mas o intelecto não. Ora, o intelecto do anjo está mais separado do órgão corporal do que inclusive o nosso intelecto. Logo, o anjo também conhece a si mesmo.

3. Além do mais, o intelecto do anjo, por ser deiforme, assemelha-se maximamente ao intelecto divino. Ora, Deus conhece por si sua essência. Logo, também o anjo.

4. Além do mais, quanto mais o inteligível é proporcionado ao intelecto, tanto mais pode conhecer o mesmo. Ora, nenhum inteligível é mais proporcionado ao intelecto angélico do que sua essência. Logo, conhece maximamente sua essência.

5. Além do mais, no livro *Sobre as causas*,[84] diz-se que *todo cognoscente sabe a sua essência, e retorna à sua essência com um retorno completo*. Logo, também o anjo, por ser cognoscente.

Respondo

Respondo dizendo que uma ação é de duas maneiras. Uma, que procede do agente até a coisa exterior que muda; e essa é como o iluminar, que também se nomeia propriamente ação. Outra, porém, é a ação que não procede até a coisa exterior, mas permanece no próprio agente como perfeição do mesmo; e essa propriamente se diz operação, e essa é como o brilhar. Contudo,

---

83. AVICENA, *De anima*, V, c. 2, f. 23va. [Opera in lucem redacta ac nuper quantum ars niti per canonicos emendata. Translata per Dominicum Gundissalinum. Venetiis, 1508].
84. *Liber de causis*, prop. 15 (14).

essas duas ações convêm nisto que cada uma não procede a não ser do existente em ato, segundo está em ato; por isso o corpo não brilha a não ser na medida em que tem a luz em ato; e, de modo semelhante, não ilumina. No entanto, a ação do apetite, a do sentido e a do intelecto não são como a ação que procede até uma matéria exterior, mas como a ação que consiste no mesmo agente, como sua perfeição; e, por isso, é necessário, de fato, que o que intelige, segundo que intelige, esteja em ato; porém, não é necessário que o que intelige, ao inteligir, seja como agente e o inteligido como paciente. Mas, o que intelige e o inteligido, enquanto deles procede um único efeito, que é o do intelecto em ato, são um só princípio desse ato que é inteligir. E digo que deles se faz uma só coisa, enquanto o intelecto se une a quem intelige, seja por sua essência, seja por similitude. Por isso, o que intelige não se comporta como agente ou como paciente, a não ser por acidente; a saber, na medida em que, para isso que o inteligível se une ao intelecto, se requer alguma ação ou paixão: ação, de fato, segundo que o intelecto agente produz as espécies inteligíveis em ato; porém, paixão, segundo que o intelecto possível recebe as espécies inteligíveis, e o sentido as espécies sensíveis. Mas isso que é inteligir é uma consequência dessa paixão ou ação, assim como o efeito com relação à causa. Logo, assim como o corpo lúcido brilha quando há luz em ato no mesmo, assim o intelecto intelige tudo aquilo que há no mesmo de inteligível em ato.

 Portanto, deve-se saber que nada impede que algo seja em ato uma coisa e em potência outra coisa, assim como o corpo diáfano é em ato, de fato, corpo, mas em potência é uma coisa colorida; e, de modo semelhante, é possível que algo seja ente em ato, e no gênero das coisas inteligíveis seja apenas ente em potência. Com efeito, assim como existe um grau de ato e potência nos entes, de modo que algo seja apenas em potência, como a matéria primeira; e algo exista apenas em ato, como Deus; e algo em ato e em potência, como todas as coisas intermediárias; assim existe nos gêneros das coisas inteligíveis algo como apenas ato, a saber, a essência divina; algo como apenas em potência, como o intelecto possível; que na ordem das coisas inteligíveis se comporta de modo como a matéria primeira na ordem das coisas sensíveis, como diz o Comentador no livro III do *Sobre a alma*.[85] Contudo, todas as substâncias angélicas são intermediárias, tendo algo de potência e de ato, não só no gênero dos entes, mas também no gênero das coisas inteligíveis. Portanto, assim como a matéria primeira não pode realizar alguma ação a não ser aperfeiçoada pela forma, então essa ação é certa emanação da forma mesma mais do que da matéria; porém, as coisas existentes em ato podem realizar ações, segundo que são em ato; assim também o intelecto possível não pode inteligir nada antes de ser aperfeiçoado pela forma inteligível em ato. Com efeito, então, intelige a coisa da qual é essa forma; e não pode inteligir senão pela forma inteligível existente em ato nele mesmo. De fato, o intelecto do anjo, porque tem sua essência que está presente a si mesmo como ato no gênero das coisas inteligíveis, pode inteligir isso que é inteligível segundo o mesmo, isto é, sua essência, não por alguma similitude, mas por si mesma.

Respostas aos argumentos

1. Respondo, portanto, dizendo que os anjos conhecem sua virtude, segundo que se considera em si, compreendendo-a; porém, não a compreendem segundo que se deduz do exemplar eterno; pois isso seria o mesmo que compreender o exemplar.

2. Respondo dizendo que a essência do anjo, ainda que não possa ser comparada a seu intelecto como o ato à potência no ser, compara-se, porém, ao mesmo, como ato à potência no inteligir.

---

85. AVERRÓIS, *In De anima.*, com. 5 e 17: vol. VI, p. 139 B e 160 F. [*Commentaria in Opera Aristotelis*, Venetiis, 1562].

3. Respondo dizendo que o intelecto e o que intelige não se comportam como agente e paciente; mas ambos se comportam como um só agente, como é claro pelo dito no corpo do artigo, ainda que quanto ao modo de falar pareçam significar como agente e paciente.

4. Respondo dizendo que, ainda que a essência do anjo não seja puro ato, porém, não tem matéria como parte sua; mas, segundo isso que está em potência, não tem o ser por si mesmo: e, por isso, nada impede comparar o mesmo ao intelecto como ato ao inteligir.

5. Respondo dizendo que isso que se entende não é necessário que seja desprovido de qualquer matéria. Com efeito, consta que as formas naturais nunca se entendem sem matéria, pois a matéria cai na definição delas. Mas, é necessário que seja desprovido da matéria individual, que é a matéria subjacente às determinadas dimensões; por isso é necessário que seja menos separado da potência tal como está nos anjos.

6. Respondo dizendo que nada impede que algo esteja em outro e o inverso, de diversos modos, assim como o todo nas partes e o inverso. E, de modo semelhante, dá-se no atual propósito, pois a essência do anjo está no seu intelecto como o inteligível no que intelige, porém, o intelecto está na essência como a potência na substância.

7. Respondo dizendo que o intelecto do anjo não está em potência com relação à sua essência, mas com relação a ela está sempre em ato. Contudo, a relação dos outros inteligíveis pode estar em potência: porém, não se segue que, quando o intelecto está em potência, seja reduzido ao ato sempre por outro agente; mas só quando está em potência essencial, como alguém antes de aprender. No entanto, quando está na potência acidental, como o que tem o hábito enquanto não considera, pode por si mesmo passar ao ato; a não ser que se diga que é reduzido ao ato por vontade, pela qual é movido a considerar em ato.

8. Respondo dizendo que isso que se entende não é como o passivo, mas como princípio da ação, como é claro pelo dito no corpo do artigo, e por isso o argumento não procede.

9. Respondo dizendo que algo pode ser causa do conhecimento de dois modos. De um modo, por parte do cognoscível: e, assim, o mais conhecido é causa do conhecer do menos conhecido. E, desse modo, o meio da demonstração é causa do inteligir. De outro modo, por parte do cognoscente: e, assim, a causa do conhecimento é aquilo que faz o cognoscível estar em ato no cognoscente. E, dessa maneira, nada impede que algo seja conhecido por si mesmo.

10. Respondo dizendo que a dileção natural não é um hábito, mas é um ato.

11. Respondo dizendo que a operação intelectual não é intermediária segundo a coisa entre o que intelige e o inteleligido, mas procede de ambos na medida em que estão unidos.

Artigo 7
Sétimo, pergunta-se se um anjo intelige outro[86]

E parece que não.

---

86. Lugares paralelos: *Cont. Gent.* II, cap. 98; *Sum. Th.* I, q. 56, a. 2.

Argumentos

1. Como diz Dionísio no capítulo VI de *A hierarquia celeste*,[87] também os mesmos anjos ignoram sua ordenação. Ora, se o anjo conhecesse outro, conheceria sua ordenação. Logo, um não conhece outro.

2. Além do mais, como se diz no livro *Sobre as causas*,[88] *toda inteligência sabe o que está sobre si, enquanto é causa dela; e o que está abaixo dela, enquanto é causado por ela*. Ora, segundo a fé, não se estabelece que um anjo seja causa de outro. Logo, um não conhece outro.

3. Além do mais, assim como diz Boécio,[89] *o universal existe enquanto é inteligido, o singular enquanto é sentido*. Ora,

---

87. PSEUDO-DIONÍSIO, *De caelesti hierarchia*, VI, cap. 3, § 1: PG 3, 199 C.
88. *Liber de causis*, prop. 8 (7) e comm.
89. BOÉCIO, *In Porphyrii Isagogen*. Sec. I: PL 64, 85 D.

o anjo é certo singular, por ser pessoa. Portanto, como o anjo conhece apenas pelo intelecto, parece que o anjo não conhece um anjo.

4. Além disso, parece que um anjo não conhece outro pela essência do conhecido. Com efeito, isso pelo qual o intelecto intelige é necessário que seja intrínseco ao intelecto mesmo. Ora, a essência de um anjo não pode estar dentro do intelecto de outro, porque nada penetra na mente a não ser Deus. Logo, o anjo não pode conhecer outro anjo por sua essência.

5. Além do mais, é possível que um anjo seja conhecido por todos os anjos. Contudo, aquilo pelo qual algo é conhecido está unido ao cognoscente mesmo. Logo, se um anjo conhecesse outro pela essência do anjo conhecido, seria necessário que o anjo conhecido estivesse em muitos lugares, pois os anjos cognoscentes estão em muitos lugares.

6. Além do mais, a essência do anjo é certa substância; porém o intelecto é um acidente, pois é certa potência. Ora, a substância não é forma do acidente. Logo, a essência de um anjo não pode ser para o intelecto de outro uma forma pela qual intelige.

7. Além do mais, nenhuma coisa é conhecida pelo intelecto por sua presença que seja separada dele. Ora, a essência de um anjo está separada do intelecto de outro. Logo, um anjo não é conhecido por outro pela essência de sua presença.

8. Além disso, parece que um anjo não pode conhecer outro pela essência de si mesmo como cognoscente. Com efeito, assim como os anjos inferiores estão abaixo dos superiores, assim também ocorre com as criaturas sensíveis. Logo, se um anjo superior, conhecendo sua essência, conhece os outros anjos, pela mesma razão e pela sua essência conhece todas as coisas sensíveis, e não por outras formas, como se diz no livro *Sobre as causas*.[90]

9. Além do mais, nada induz ao conhecimento de outra coisa a não ser que tenha similitude com ela. Ora, a essência de um anjo não convém com outra coisa a não ser no gênero. Portanto, se um anjo conhece outro apenas pela essência de si como cognoscente, não lhe conhecerá senão no gênero; o que é conhecer imperfeitamente.

10. Além do mais, aquilo pelo qual algo se conhece é uma noção sua. Logo, se um anjo conhece todos os outros por sua essência, sua essência será a razão própria de todos eles; o que parece convir unicamente à essência divina.

11. Além disso, parece que um anjo não conhece outro por similitude ou por uma espécie existente em si: porque, como diz Dionísio,[91] os anjos são luzes divinas. Ora, a luz não se conhece por alguma espécie, mas por si mesma. Logo, nem o anjo.

12. Além do mais, toda criatura é uma treva, como é claro por Orígenes sobre isso que se diz em Jo 1,5: *mas as trevas não a apreenderam*. Ora, é necessário que a similitude da treva seja treva; e a treva não é princípio da manifestação, mas da ocultação. Portanto, como o anjo é uma criatura, e dessa maneira treva, não poderá ser conhecido por sua similitude. Mas se é conhecido, é necessário que conheça pela luz divina existente no mesmo.

---

90. *Liber de causis*, prop. 8 (7) e comm.
91. PSEUDO-DIONÍSIO, *De divinis nominibus*, cap. 4, § 2: PG 3, 696 B.

13. Além do mais, o anjo está mais próximo de Deus do que a alma racional. Ora, segundo Agostinho,[92] a alma conhece todas as coisas e julga todas elas segundo a conexão que tem com as razões eternas, não por algumas artes que leva consigo no corpo. Logo, com muito mais força da razão o anjo não conhece outro anjo por sua similitude, mas por razão eterna.

14. Além disso, parece que não por similitude inata, porque uma semelhança inata se relaciona de modo igual com as coisas presentes e distantes. Portanto, se um anjo conhece outro por similitude inata, não o conhecerá quando estiver presente, e quando estiver distante.

15. Além do mais, Deus pode fazer novamente um anjo. Ora, um anjo não tem em si a forma de um anjo que não existe. Logo, se um anjo não conhece outro anjo com um conhecimento natural, senão por uma forma inata, os anjos atualmente existentes não conhecerão com um conhecimento natural um anjo que novamente fosse criado.

16. Além disso, parece que [um anjo não pode conhecer outro] por formas impressas através das coisas inteligíveis, como o sentido pelas formas impressas através das coisas sensíveis, porque, segundo isso, os anjos inferiores não seriam conhecidos pelos superiores, pois não poderiam imprimir neles.

17. Além disso, parece que não pode conhecer por formas abstratas, como se o intelecto agente abstraísse dos fantasmas, porque assim os inferiores não conheceriam os superiores. E por tudo que foi dito, parece que um anjo não pode conhecer outro.

---

92. AGOSTINHO, *Retractationes*, I, c. 8: PL 32, 594.

Ao contrário

1. Diz-se no livro *Sobre as causas*:[93] *toda inteligência conhece as coisas que não se corrompem nem caem no tempo*. Ora, os anjos são incorruptíveis e acima do tempo. Logo, um anjo é conhecido por outro anjo.

2. Além do mais, a similitude é causa do conhecimento. Ora, como o intelecto de um anjo convém mais a outro anjo do que às coisas materiais; logo, como os anjos conhecem as coisas materiais, com maior força de razão um anjo conhece outro.

3. Além do mais, o intelecto de um anjo é mais proporcionado à essência de outro anjo do que a essência divina. Logo, como os anjos veem a Deus por essência, com maior força de razão um anjo pode conhecer a essência de outro.

4. Além do mais, como se diz no livro *Sobre as inteligências*,[94] *toda substância imaterial e sem mistura é cognoscitiva de todas as coisas*. E se prova por isto que se encontra no livro III do *Sobre a alma*,[95] que o intelecto *é sem mistura, para que conheça todas as coisas*. Ora, ser imaterial e sem mistura convêm de modo máximo aos anjos. Logo, eles mesmos conhecem todas as coisas e, assim, um conhece outro.

5. Além disso, parece que um anjo conhece outro pela essência do anjo conhecido. Com efeito, Agostinho diz, no livro XII do *Comentário literal ao Gênesis*,[96] que os anjos de-

---

93. *Liber de Causis*, prop. 11 (10).
94. *Liber de Intelligentiis*, XVII (ed. Baeumker, p. 22).
95. ARISTÓTELES, *De anima*, III, c. 4, 429a18.
96. AGOSTINHO, *Super Genesim ad litteram*, XII, cap. 12: PL 34, 464.

monstram as coisas vistas *por mistura do espírito*. Ora, a mistura não pode se dar a não ser que um espírito se una a outro por essência. Logo, um anjo pode se unir a outro por essência; e, assim, é conhecido pelo outro por meio da sua essência.

6. Além do mais, o conhecimento é certo ato. Ora, para a ação é suficiente o contato. Logo, como entre um anjo e outro pode existir um contato espiritual, um anjo poderá conhecer outro por sua essência.

7. Além do mais, convém mais o intelecto de um anjo com a essência de outro anjo do que com a similitude de uma coisa natural. Ora, o intelecto angélico pode ser informado pela similitude da coisa para conhecer uma coisa material. Logo, também a essência de outro anjo pode ser a forma do intelecto angélico pela qual conhece outro anjo.

8. Além do mais, segundo Agostinho, no livro XII do *Comentário literal ao Gênesis*,[97] a visão é dessas coisas das quais as semelhanças não são outras do que as essências delas. Ora, um anjo não conhece outro senão pela visão intelectual. Logo, não o conhece por similitude que seja outra do que sua essência; e, assim, o mesmo que antes.

Respondo

Respondo dizendo que, sem dúvida, um anjo conhece outro anjo, pois qualquer anjo é uma substância inteligível em ato por isto que é imune à matéria. Contudo, o intelecto angélico não recebe das coisas sensíveis; e, por isso, é levado a inteligir as coisas sensíveis pelas próprias formas inteligíveis e imateriais. Mas,

---

97. AGOSTINHO, *Super Genesim ad litteram*, XII, cap. 6: PL 34, 458-459.

com relação ao modo de conhecimento, parece haver uma diversidade de posições, considerados os ditos de diversos autores.

Com efeito, o Comentador, no livro XI da *Metafísica*,[98] diz que, nas substâncias separadas da matéria, a forma que está no intelecto difere da forma que está fora do intelecto. Com efeito, que em nós a forma da casa que está na mente do artífice seja outra do que a forma da casa que está fora procede disto que a forma exterior está na matéria, porém a forma na mente do artífice é sem matéria: e, segundo isso, como os anjos são substâncias e formas imateriais, como diz Dionísio,[99] parece se seguir que a forma pela qual um anjo é inteligido por outro seja a mesma que sua essência, pela qual subsiste em si. Mas isso não parece ser possível de modo universal. Com efeito, a forma pela qual o intelecto intelige, por ser uma perfeição do intelecto, é mais nobre do que o intelecto; e por isso o Filósofo, no livro XI da *Metafísica*,[100] prova que Deus não intelige algo fora de si, porque aquilo aperfeiçoaria seu intelecto e seria mais nobre do que ele. Portanto, se os anjos superiores inteligissem os inferiores pela essência dos inferiores, seguir-se-ia que as essências seriam mais perfeitas do que os intelectos dos superiores e mais nobres que eles; o que é impossível.

Contudo, poderia ser dito, talvez, que esse modo é conveniente quanto ao modo de inteligir pelo qual os inferiores inteligem os superiores, a saber, que o inferior intelija pela essência do superior. E isso parece estar em consonância com as palavras de Dionísio, no capítulo IV do *Sobre os nomes divinos*,[101] donde parece distinguir os anjos nas substâncias *inteligíveis e intelectuais*; chamando, de fato, superiores as inteligíveis, porém inferiores as intelectuais; ali também diz que as superiores são para as infe-

---

98. AVERRÓIS, *Metaphysica*, XI (= XII), comm. 51: vol. VIII, p. 336 D-E [*Commentaria in Opera Aristotelis*, Venetiis, 1562].
99. PSEUDO-DIONÍSIO, *De divinis nominibus*, cap. 4 § 1: PG 3, 693 C.
100. ARISTÓTELES, *Metaphysica*, XII, c. 11, 1074b29.
101. PSEUDO-DIONÍSIO, *De divinis nominibus*, IV, § 1: PG 3, 693 B; Dion. 147.

riores *como um alimento*; o que parece poder ser entendido deste modo, a saber, enquanto as essências das superiores são formas pelas quais as inferiores inteligem. Mas essa via, talvez, pudesse ser sustentada pelos filósofos, que defenderam que as inteligências superiores são criadoras das inferiores. Com efeito, assim, podiam estabelecer de certo modo que o anjo superior é íntimo do inferior, como causa que lhe conserva no ser; o que, de fato, por nós não pode ser dito senão só de Deus, que pode penetrar as mentes angélicas e humanas. No entanto, é necessário que a forma pela qual o intelecto inteligge esteja dentro do intelecto que inteligge em ato; por isso não se pode dizer de alguma substância espiritual, a não ser só de Deus, que ela é vista por outro através da sua essência.

Inclusive essa não foi a opinião dos filósofos, que o anjo é visto por sua essência através de outro, o que é manifestamente claro pelas coisas ditas por eles. Com efeito, o Comentador, no livro XI da *Metafísica*,[102] diz que aquilo que o motor do orbe de Saturno inteligge do motor do primeiro orbe é outra coisa do que isto que inteligge do mesmo motor do orbe de Júpiter. Isso não pode ser verdadeiro a não ser quanto a isso pelo qual cada um inteligge. E isso não ocorreria se ambos inteligissem o motor do orbe superior por sua essência. Inclusive no comentário ao livro *Sobre as causas*,[103] diz-se que *a inteligência inferior conhece o que está acima de si, por modo de sua substância*, e não por modo da substância superior. Avicena também diz, em sua *Metafísica*,[104] que o ser das inteligências em nós não é outra coisa do que as impressões delas que estão

---

102. AVERRÓIS, *Metaphysica*, XI (= XII) comm. 44: vol. VIII, p. 327 K [*Commentaria in Opera Aristotelis*, Venetiis, 1562].
103. *Liber de causis*, comm. 8 (7).
104. AVICENA, *Metaphysica*, III, c. 8, f. 82va C. [Opera in lucem redacta ac nuper quantum ars niti per canonicos emendata. Translata per Dominicum Gundissalinum. Venetiis, 1508].

em nós; não que estejam no intelecto por sua essência. De fato, o que foi induzido anteriormente, pelas palavras do Comentador no livro XI da *Metafísica*, deve ser entendido quando uma substância separada da matéria se inteligea si mesma. Com efeito, então, não é necessário que seja uma forma no intelecto e outra forma pela qual a coisa subsiste em si mesma; porque a forma mesma, pela qual tal coisa subsiste em si mesma, é inteligível em ato em virtude da sua imunidade de matéria. As palavras de Dionísio também não devem ser tomadas segundo esse sentido, mas ele chama inteligíveis e intelectuais, ou chama os anjos superiores de inteligíveis e alimento dos inferiores, enquanto os inferiores inteligem pela luz deles.

No entanto, pelas palavras de outros, parece que um anjo vê outro anjo por sua essência, isto é, a do que vê. E isso parece pelas palavras de Agostinho, no livro IX do *Sobre a Trindade*,[105] onde diz o seguinte: *a mesma mente, assim como reúne as noções das coisas corpóreas pelos sentidos corpóreos, assim também reúne as das coisas incorpóreas por si mesma*. A partir disso, de modo semelhante, também parece ocorrer com a mente do anjo, que, conhecendo a si mesma, conhece outros anjos. Isso também parece ser atestado pelo que se diz no livro *Sobre as causas*,[106] que *a inteligência inteligeo que está acima de si e abaixo de si*, pelo modo de sua substância. Mas isso não parece ser suficiente. De fato, como todo conhecimento é por assimilação, um anjo por sua essência não pode conhecer de outro anjo mais do que aquilo no qual é semelhante à sua essência. No entanto, um anjo não é semelhante a outro a não ser na natureza comum. E, assim, seguir-se-ia que um não conheceria outro com um conhecimento completo e, principalmente, quanto àqueles[107] que defendem

---

105. AGOSTINHO, *De Trinitate*, IX, c. 3: PL 42, 963.
106. *Liber de causis*, comm. 8 (7).
107. ALEXANDRE DE HALES, *Summa*, I-II, n. 114, p. 156 [Quaracchi: 1924-1930].

que muitos anjos são de uma só espécie. Com efeito, quanto àqueles[108] que defendem que todos os anjos diferem entre si em espécie, talvez, de algum modo, essa tese poderia ser sustentada. Pois qualquer anjo, conhecendo sua própria essência, conhece perfeitamente a natureza intelectual. Contudo, as diversas espécies nos anjos não se distinguem, a não ser segundo o grau da perfeição da natureza do intelecto. E, segundo isso, um anjo, vendo sua essência, concebe os singulares graus de natureza intelectual, e por tais concepções tem um conhecimento completo de todos os outros anjos.

E, assim, se pode salvar que alguns outros[109] dizem que um anjo conhece outro por forma adquirida, como se dissesse a forma adquirida do conceito dito, tal como se a brancura entendesse a si mesma, conheceria perfeitamente a natureza da cor, e, por consequência, todas as espécies das coisas de modo distinto, segundo o grau de cor, e, depois, inclusive todas as cores individuais, se em uma espécie não houvesse senão um só indivíduo.

Mas, ainda assim, também esse modo não parece ser suficiente. Com efeito, ainda que em uma só espécie não haja senão um só anjo, porém no anjo de uma determinada espécie, uma coisa será o que lhe convém por sua razão de espécie, e outra a que lhe convém enquanto é um determinado indivíduo, assim como as operações particulares dos mesmos; e essas, segundo o modo dito, outro anjo não pode conhecê-las dele, de nenhum modo. Contudo, a autoridade de Agostinho não indica que a mente por si mesma conheça as outras coisas por meio de conhecimento, mas como pela potência cognoscitiva, pois, assim, também conhece por meio dos sentidos corporais.

---

108. ALBERTO, *Super Sent.*, II, d. 9, a. 7 e ibid., d. 25, a. 5 [Opera omnia, 38 vol. Edidit A. Borgnet. Paris: Vivès, 1890-1899].

109. Cfr. ALEXANDRE DE HALES, *Summa*, I-II, n. 130, p. 178 [Quaracchi: 1924-1930].

Por isso, deve-se eleger outro modo: como se dissesse que o anjo conhece outros por meio de semelhanças deles existentes no seu intelecto; não, de fato, abstratas ou impressas por outro anjo, ou adquiridas de outro modo, mas impressas divinamente pela criação; assim como também conhece as coisas materiais por tais similitudes: e isso será mais claro pelas coisas que seguem.

Respostas aos argumentos

1. Respondo, portanto, dizendo que os anjos conhecem em si sua própria ordenação, porém, não a compreendem segundo que está abaixo da providência divina; pois isso seria compreender a própria providência.

2. Respondo dizendo que a razão de causa e do causado não é razão do conhecimento, a não ser enquanto o causado tem similitude de sua causa, e o inverso. Por isso, se estabelecemos em um anjo similitude de outro, além de que é causa ou causado por ele, permanecerá uma razão suficiente, pois o conhecimento é por assimilação.

3. Respondo dizendo que a autoridade de Boécio se entende das coisas materiais particulares que subsistem no sentido. Contudo, o anjo não é um particular desse modo. Por isso, o argumento não procede.

4-10. Contudo, concedemos essas razões que provam que o anjo não conhece outro anjo pela essência do anjo visto, ou do que vê; ainda que a elas possam ser respondidas de outro modo.

Ora, deve-se responder àquelas razões que provam que um anjo não conhece outro anjo por similitude.

11. Respondo dizendo à primeira razão que também é possível que haja certa semelhança de luz, ou mais deficiente que ela, como a cor é certa similitude dela, ou inclusive mais perfeita, como na substância que ilumina. Também, de modo semelhante, quando os anjos são ditos luzes enquanto são formas inteligíveis em ato, não é inconveniente que as semelhanças deles existam por modo mais sublime nos superiores, e por modo inferior nos anjos inferiores.

12. Respondo à segunda razão dizendo que, quando se diz que toda criatura, considerada em si, é treva, ou falsa, ou nada, não se deve entender que sua essência seja treva ou falsidade, mas que não tem nem ser, nem luz, nem verdade a não ser por outro. Por isso, se se considera sem isso que tem por outro, é nada, treva e falsidade.

13. Respondo à terceira razão que a alma se conecta com as razões eternas enquanto em nossa mente há certa impressão das razões eternas, assim como são princípios conhecidos naturalmente pelos quais julga a todos; e também nos anjos as similitudes das coisas pelas quais conhecem são impressões desse tipo.

14-17. Respondo à quarta razão que um anjo não conhece outro por similitude abstrata ou impressa, mas por similitude inata, pela qual é levado ao conhecimento de outro anjo, não só quanto à sua essência, mas também quanto a todos os seus acidentes. E, por isso, por ela conhece quando um anjo está distante ou presente.

Respostas ao contrário

1-4. Concedemos as razões que provam que um anjo conhece outro anjo.

Devem ser respondidas as razões que mostram que um anjo é conhecido por outro anjo por sua própria essência.

5. Respondo à primeira razão dizendo que esse conhecimento do qual fala Agostinho não se entende quanto à essência, mas quanto à operação, segundo que o espírito superior ilumina o inferior.

6. Respondo à segunda razão dizendo que o cognoscente e o conhecido não se comportam como o agente e o paciente, como é claro pelo dito no artigo 6, na solução 5, e no corpo do artigo, mas assim como de dois a partir dos quais se faz um só princípio do conhecimento; e, por isso, não é suficiente ao conhecimento um contato entre o cognoscente e o cognoscível; mas é necessário que o cognoscível se una ao cognoscente como forma, ou por sua essência, ou por sua similitude.

7. Respondo à terceira razão dizendo que, ainda que a essência do anjo convenha mais com o intelecto de outro anjo do que a similitude da coisa material segundo a participação de uma só natureza, porém, isso não se dá segundo a conveniência da relação que se requer entre a perfeição e o perfectível; assim como também uma alma convém mais com outra alma do que com o corpo, e, porém, uma alma não é forma de outra alma, como é do corpo.

8. Respondo à quarta razão dizendo que a autoridade de Agostinho pode ser exposta de dois modos. De um modo, como se dissesse que Agostinho fala dessa visão intelectual pela qual o espírito criado vê a si mesmo, ou a Deus, ou outras coisas que estão no mesmo por sua essência: pois consta que uma pedra por sua essência não está na alma, ainda que seja inteligida pela alma. De outro modo, pode-se expor como se referisse ao objeto do conhecimento, não à forma pela qual é conhecido. Com efeito, o objeto do sentido e o da imaginação são acidentes exteriores, que são similitudes da coisa, e não a coisa mesma. Mas o objeto do intelecto é o que a coisa é, isto é, a essência mesma da coisa, como se diz no livro III do *Sobre a alma*.[110] E, assim, a similitude da coisa que está no intelecto é diretamente uma similitude de sua essência; porém, a similitude que está no sentido ou na imaginação é uma similitude de seus acidentes.

---

110. ARISTÓTELES, *De anima*, III, c. 11, 430b28.

Artigo 8
Oitavo, pergunta-se se o anjo conhece as coisas materiais por algumas formas ou por sua essência cognoscente[111]

E parece que por sua essência.

---

111. Lugares paralelos: *Super Sent.* II, d. 3, q. 3, a. 1; *De ver.* q. 10, a. 4; *Cont. Gent.* II, cap. 99; *Sum. Th.* I, q. 55, a. 1 e q. 57, a. 1.

Argumentos

1. Qualquer coisa é suficientemente conhecida em seu exemplar. Ora, no capítulo V do *Sobre os nomes divinos*,[112] indica-se a opinião do filósofo Clemente, que disse que os superiores nos entes são exemplares dos inferiores; e, assim, a essência do anjo é exemplar das coisas materiais. Logo, os anjos conhecem as coisas materiais por sua essência.

2. Além do mais, as coisas materiais são conhecidas melhor na essência divina do que em suas próprias naturezas, porque reluzem ali de modo mais claro. Ora, a essência do anjo está mais próxima da essência divina do que as coisas materiais. Logo, podem ser conhecidas melhor na essência do anjo do que nas próprias naturezas. Portanto, como nós as conhecemos nas próprias naturezas, com muito maior razão os anjos, que intuem sua essência, conhecem todas as coisas materiais.

---

112. PSEUDO-DIONÍSIO, *De divinis nominibus*, V, cap. 6, § 9: PG 3, 824 D.

3. Além do mais, a luz do intelecto angélico é mais perfeita do que a luz do intelecto agente, que é parte da nossa alma. Ora, conhecemos todas as coisas materiais na luz do intelecto, porque essa luz é ato de todas as coisas inteligíveis. Logo, com muito maior força de razão o anjo, conhecendo sua luz, conhece todas as coisas materiais.

4. Além do mais, como o anjo conhece as coisas materiais, é necessário que as conheça ou por espécie, ou por sua essência. Ora, não por espécie; porque não [conhece] por particular, pois está imune da matéria, nem por universal, porque assim não teria perfeito e próprio conhecimento delas. Logo, conhece as coisas materiais por sua essência.

5. Além do mais, se a luz corporal conhecesse a si mesma, por isso conheceria todas as coisas, porque ela mesma é ato de todas as cores. Portanto, como o anjo é luz espiritual, conhecendo-se a si mesmo, conhecerá todas as coisas materiais.

6. Além do mais, o intelecto do anjo é intermediário entre o intelecto divino e o humano. Ora, o intelecto divino conhece todas as coisas por sua essência, porém o intelecto humano conhece todas as coisas por espécies. Logo, o intelecto angélico ao menos conhecerá algumas coisas, conhecendo sua essência.

7. Além do mais, Dionísio diz no capítulo VII do *Sobre os nomes divinos*:[113] *as escrituras,* a saber, as sagradas, *dizem que os anjos conhecem as coisas que estão na terra, não as conhecendo segundo os sentidos, mas segundo a própria virtude e a natureza*

---

113. PSEUDO-DIONÍSIO, *De divinis nominibus*, VII, § 2: PG 3, 869 C.

da mente deiforme. Logo, parece que, conhecendo sua virtude e natureza, conhecem as coisas materiais.

8. Além do mais, se o espelho material fosse cognoscitivo, conheceria as coisas materiais por sua essência a não ser que as espécies provenientes das coisas refletissem no mesmo. Ora, no intelecto do anjo não se refletem as espécies procedentes das coisas materiais, como é claro por Dionísio, no capítulo VII do *Sobre os nomes divinos*.[114] Logo, se conhece as coisas materiais, é necessário que as conheça por sua essência, pois é certo espelho, como é claro por Dionísio no capítulo IV do *Sobre os nomes divinos*.[115]

9. Além do mais, a potência cognitiva nos anjos é mais perfeita do que a potência natural das coisas materiais. Ora, muitas potências das coisas materiais podem atingir por si mesmas seus objetos, sem que algo lhes seja acrescentado. Logo, com muito maior força de razão o intelecto angélico poderá conhecer as coisas materiais por sua essência sem quaisquer espécies.

10. Além do mais, é mais eficaz o anjo ao conhecer do que o fogo ao queimar. Ora, o fogo queima sem que haja algo combustível no mesmo. Logo, também o anjo conhece por si mesmo sem que haja alguma espécie cognoscível no mesmo.

Ao contrário

1. É o que se diz no livro *Sobre as causas*,[116] que *toda inteligência é plena de formas*, e no mesmo livro[117] se diz que *as formas*

---

114. PSEUDO-DIONÍSIO, *De divinis nominibus*, VII, § 9: PG 3, 824 D.
115. PSEUDO-DIONÍSIO, *De divinis nominibus*, IV, § 22: PG 3, 724 B.
116. *Liber de causis*, prop. 10 (9).
117. *Liber de causis*, comm. 13 (12).

estão nela por modo inteligível. Logo, intelige as coisas por tais formas, e não por sua essência.

2. Além do mais, a essência do anjo convém mais com outro anjo do que com uma coisa material. Ora, um anjo não pode conhecer outros anjos por isto que conhece sua essência. Logo, nem conhecendo sua essência, conhecerá as coisas materiais.

3. Além do mais, aquilo que é princípio da unidade não pode ser princípio da distinção. Ora, a essência do anjo é princípio da unidade do mesmo, porque por ela o anjo é uno. Logo, não pode ser princípio do conhecimento distinto das coisas.

4. Além do mais, nada exceto Deus é isso que tem. Ora, o anjo tem potência intelectiva. Logo, não é a potência intelectiva; portanto, com muito menos razão é isso pelo qual intelige. Logo, não intelige as coisas por sua essência.

Respondo

Respondo dizendo que todo conhecimento é por assimilação; porém, a similitude entre duas coisas é segundo a conveniência na forma. Contudo, como a unidade do efeito demonstra a unidade da causa e, assim, no gênero de qualquer forma é necessário chegar a um só primeiro princípio dessa forma, é impossível que duas coisas sejam semelhantes reciprocamente, a não ser por um destes dois modos: ou de modo que uma coisa seja causa de outra, ou de modo que ambas sejam causadas por uma causa que imprima a mesma forma em ambas; e segundo isso sustentamos que os anjos conhecem as coisas materiais de modos diversos do que aqueles que defenderam os filósofos.

Com efeito, nós não estabelecemos que os anjos sejam causas das coisas materiais, mas que Deus é o criador de todas as coisas visíveis e invisíveis; e, por isso, não pode haver no anjo uma similitude das coisas materiais, a não ser por aquele que é causa das coisas materiais. Contudo, tudo o que não tem algo por si mesmo, mas por outro, está fora da sua essência. E por este modo prova Avicena,[118] que o ser de qualquer coisa, exceto o primeiro ente, é algo fora da essência mesma, porque todas as coisas têm o ser por outro. Por isso, é necessário que as similitudes das coisas materiais existentes no anjo sejam outras do que a essência do mesmo, impressas nele por Deus. Com efeito, as razões das coisas materiais existentes na mente divina são, de fato, a luz e a vida; são certamente vida enquanto procedem até a constituição das coisas no ser, assim como a forma da arte procede até as coisas artificiais; são luz, porém, enquanto produzem certas impressões símiles a elas nas mentes dos anjos.

No entanto, os filósofos[119] defenderam que os anjos são criadores das coisas materiais. Ora, segundo a posição deles, ainda é necessário que conheçam as coisas materiais não por sua essência, mas por formas acrescentadas. Com efeito, as similitudes dos efeitos não estão na causa, senão pelo modo no qual nela existe a virtude para produzir o efeito, como, porém, encontra-se no livro *Sobre as causas*,[120] a inteligência não dá o ser às coisas inferiores, a não ser por virtude divina que está nela. Por isso, essa sua operação diz ser divina; e, assim, essa capacidade não pertence a ela como seguindo dos princípios da sua essência, mas é tomada de outro. Por isso, também as similitudes das coisas materiais, se são postos seus efeitos, estarão fora da essência do mesmo anjo.

---

118. AVICENA, *Metaphysica*, VIII, c. 4, f. 99rb B. [Opera in lucem redacta ac nuper quantum ars niti per canonicos emendata. Translata per Dominicum Gundissalinum. Venetiis, 1508].
119. Cfr. PLATÃO a partir de Macróbio, *Comment. in somn. Scipionis*, I, c. 14.
120. *Liber de causis*, comm. 9 (8).

E, assim, é claro que, seja qual for o modo posto, o anjo não conhece as coisas materiais por sua essência, mas por suas formas existentes em si mesmos.

Respostas aos argumentos

1. Respondo, portanto, dizendo que o exemplar, se se toma propriamente, implica a causalidade com relação ao que toma algo como exemplo, porque o exemplar é para que se faça a imitação de algo. Por isso também Dionísio, ali mesmo, reprova a opinião de Clemente, sustentando que os exemplares das coisas são razões existentes em Deus. Ora, se se diz exemplar em sentido amplo de todo aquele que, de algum modo, é representado por outro, assim também as essências dos anjos podem ser ditas exemplares das coisas materiais. Mas assim como a essência divina é o exemplar próprio de cada coisa pela sua razão ideal, que tem em si mesma, assim também a essência do anjo é própria da similitude de cada coisa material segundo sua forma que tem em si, ainda que essa forma não seja o mesmo com a essência, assim como era com a ideia em Deus.

2. Respondo dizendo que a essência divina é infinita; por isso não se determina a algum gênero, mas reúne em si as perfeições de todos os gêneros, como diz Dionísio, no último capítulo do *Sobre os nomes divinos*,[121] e o Filósofo[122] e o Comentador no livro V da *Metafísica*.[123] E, desse modo, pode ser por si mesma a similitude própria de todas as coisas e, assim, pela mesma, pode perfeitamente conhecer todas as coisas. Contudo, a essência do

---

121. PSEUDO-DIONÍSIO, *De divinis nominibus*, cap. 13, § 1: PG 3, 977 B.
122. ARISTÓTELES, *Metaphysica*, V, c. 18, 1021b30.
123. AVERRÓIS, *Metaphysica*, comm. 21, vol. VIII, 131 B. [*Commentaria in Opera Aristotelis*, Venetiis, 1562].

anjo está determinada a um gênero; por isso não tem em si a capacidade de ser semelhante a todas as coisas materiais, a não ser que se lhe acrescente algo com o qual conheça as coisas na própria natureza.

3. Respondo dizendo que com o intelecto agente não são conhecidas todas as coisas como uma similitude suficiente para conhecer todas as coisas, por isso não há um ato de todas as formas inteligíveis, enquanto é esta ou aquela forma, mas enquanto só são inteligíveis; porém se diz que todas as coisas são conhecidas pelo intelecto agente, como pelo princípio ativo do conhecimento.

4. Respondo dizendo que o anjo conhece as coisas não por espécies particulares, nem universais do modo pelo qual são universais as formas que são abstraídas dos sentidos; mas são similitudes dos universais e dos particulares, como aparecerá melhor a seguir.

5. Respondo dizendo que se a luz corporal fosse conhecer a si mesma, não por isso conheceria todas as cores determinadas, mas as conheceria somente enquanto são visíveis; de outro modo, também o olho, ao ver a luz, veria todas as cores, o que é manifestamente falso.

6. Respondo dizendo que o intelecto do anjo quanto a isto é intermediário entre o intelecto humano e divino, porque conhece as outras coisas por formas acrescentadas à essência, no que é deficiente com relação ao intelecto divino; porém conhece a si mesmo por sua essência, no que excede o intelecto humano.

7. Respondo dizendo que a autoridade de Dionísio não deve ser entendida como se a capacidade e natureza do anjo fossem o meio pelo qual o anjo conhece outras coisas; mas que o modo do conhecimento angélico segue a propriedade da natureza e da capacidade das coisas, não, porém, a propriedade da natureza das coisas conhecidas; o que é claro por isto que conhece de modo imaterial as coisas materiais, e as coisas sensíveis sem os sentidos.

8. Respondo dizendo que o espelho material, se conhecesse a si mesmo, de nenhum modo, conhecendo a sua essência, conheceria as outras coisas, a não ser à medida que conhecesse as formas resultantes no mesmo; nem diferiria se essas formas fossem tomadas das coisas, ou introduzidas naturalmente.

9. Respondo dizendo que a potência cognitiva do anjo se ordena a um ato mais nobre do que a potência natural de uma coisa material; por isso, ainda que necessite de mais auxílios, porém, permanece mais perfeita e mais digna.

10. Respondo dizendo que o cognoscente não se relaciona com o cognoscível como o comburente com o combustível, dos quais um é agente e outro paciente; mas o cognoscente e o cognoscível se relacionam entre si como um só princípio do conhecimento, enquanto do cognoscível e do cognoscente se faz de certo modo uma coisa, como é claro pelo dito; e por isso o argumento não procede.

Artigo 9
Nono, pergunta-se se as formas pelas quais os anjos conhecem as coisas materiais são inatas ou tomadas das coisas[124]

E parece que não são inatas.

---

124. Lugares paralelos: *Super Sent.* II, d. 3, q. 3, a. 1, ad 2; *Cont. Gent.* II, cap. 96; *Sum. Th.* I, q. 55, a. 2; *Super De causis,* l. 10.

Argumentos

1. A ciência especulativa difere da prática nisto que se dirige às coisas, e a especulativa que vem das coisas. Ora, os anjos não têm uma ciência prática sobre as coisas materiais, pois não são fazedores delas, como diz Damasceno,[125] mas apenas têm uma ciência especulativa. Logo, a ciência deles é tomada das coisas, e não por espécies inatas.

2. Além do mais, diz-se em Ef 3,10: *para dar agora a conhecer aos Principados e às autoridades nas regiões celestes, por meio da Igreja, a multiforme sabedoria de Deus*; por isso considera Jerônimo[126] que os anjos aprenderam dos Apóstolos o mistério da encarnação. Ora, a ciência que é por espécies inatas não é adquirida a partir de outros. Logo, a ciência dos anjos não é por espécies inatas.

---
125. JOÃO DAMASCENO, *De fide*, II, c. 3: PG 94, 873 B.
126. JERÔNIMO. *Comment. in epist. ad Eph*. II: PL 26, 514 C-D.

3. Além do mais, as espécies inatas nos anjos se relacionam de modo igual com as coisas presentes e futuras. Contudo, a ciência dos anjos não se relaciona de modo igual com ambas, pois conhecem as coisas presentes, mas ignoram as futuras. Logo, a ciência dos anjos não é por espécies inatas.

4. Além do mais, os anjos têm um conhecimento distinto das coisas materiais. Ora, o conhecimento distinto sobre as coisas não se pode ter senão por isto que é um princípio de distinção, pois é o mesmo o princípio do ser e do conhecer. No entanto, o princípio da distinção das coisas materiais é as formas que estão nelas. Logo, é necessário que a ciência dos anjos sobre as coisas materiais se dê por formas recebidas das coisas.

5. Além do mais, aquelas coisas que são inatas ou estão de modo natural sempre se comportam do mesmo modo. Ora, a ciência dos anjos nem sempre se comporta do mesmo modo, porque agora conhecem certas coisas que antes ignoravam: por isso, segundo Dionísio,[127] alguns deles são purificados da insciência. Logo, a ciência deles não se dá por formas inatas.

6. Além do mais, as formas que estão nos anjos são universais. Ora, *o universal ou é nada, ou é posterior*, como se diz no livro I do *Sobre a alma*.[128] Logo, essas formas ou nada são, ou são posteriores às coisas, enquanto recebidas delas.

7. Além do mais, nada é conhecido senão segundo que está no cognoscente. Logo, se o anjo conhece as coisas materiais, é ne-

---

127. PSEUDO-DIONÍSIO, *De ecclesiastica hierarchia*, VI, pars 3, § 6: PG 3, 537 B.
128. ARISTÓTELES, *De anima*, I, c. 1, 402b7.

cessário que as mesmas coisas materiais sejam feitas no intelecto do anjo por formas impressas por elas no intelecto angélico.

8. Além do mais, a luz intelectual nos anjos é mais eficaz do que a luz da alma humana. Ora, pela luz do intelecto agente são abstraídas em nós as espécies a partir das imagens. Logo, também com muito maior razão o intelecto do anjo pode abstrair algumas formas a partir das coisas sensíveis.

9. Além do mais, *o que pode a potência inferior pode também a superior.*[129] Ora, nossa alma, que é inferior aos anjos, pode conformar a si mesma às coisas formando em si algumas formas, que não lhe são inatas, nem recebidas pelas coisas, assim como a imaginação forma a imagem de uma montanha de ouro, que nunca foi vista. Logo, com muito maior força de razão o anjo pode na presença das coisas mesmas conformar a si mesmo a elas, e desse modo conhecer as coisas; e, assim, não é necessário que pelas espécies inatas conheça as coisas materiais, mas por aquelas espécies que fará em si mesmo.

Ao contrário

1. É o que diz Dionísio no capítulo VII do *Sobre os nomes divinos*,[130] os anjos não adquirem o conhecimento a partir dos sentidos ou a partir das coisas divisíveis. Logo, não conhecem pelas formas tomadas das coisas.

2. Além do mais, os anjos excedem todos os corpos mais do que os corpos superiores excedem os corpos inferiores. Ora,

---

129. BOÉCIO, *De consolatione philosophiae*, Prosa 4: PL 63, 849 B.
130. PSEUDO-DIONÍSIO, *De divinis nominibus*, VII, § 2: PG 3, 868 B.

os corpos superiores, pela sua nobreza, não recebem uma impressão dos corpos inferiores. Logo, com muito menos razão os intelectos angélicos recebem das coisas corporais algumas formas com as quais podem inteligir.

Respondo

Respondo dizendo que, suposto que os anjos não conheçam as coisas materiais por sua essência, mas por algumas formas, sobre essas formas há três opiniões.

Alguns,[131] de fato, dizem que essas formas pelas quais os anjos conhecem são recebidas das coisas materiais. Mas isso não pode ser. Com efeito, o intelecto que recebe algumas formas das coisas se relaciona com as coisas de duas maneiras: a saber, como agente e como paciente, tomadas a ação e a paixão em sentido largo. Com efeito, as formas que estão nas coisas materiais, ou nos sentidos, ou na imaginação, por não estarem depuradas completamente da matéria, não são inteligíveis em ato, mas apenas em potência; e, por isso, requer-se que pela ação do intelecto se realizem as coisas inteligíveis em ato: e essa é a necessidade de colocar em nós o intelecto agente. Contudo, feitas as formas inteligíveis, ainda não conheceremos por essas coisas, a não ser que essas formas se unam a nosso intelecto, de modo que assim o que intelige e o inteligido sejam uma só coisa. E, dessa maneira, é necessário que o intelecto receba tais formas; e, assim, de certo modo, padece, a saber, enquanto todo receber é certo padecer. No entanto, como a forma se compara à matéria como ato à potência, assim se dá o agente com relação ao paciente; pois cada coisa age enquanto está em ato, porém, padece enquanto está em potência. E porque o ato próprio se refere à potência própria, por isso também o agente próprio corresponde a um deter-

---

131. Cfr. ADAM-PULCHRE-MULIERIS, *Liber de Intelligentiis* [Ed. Baeumker, p. 33 e 35 ss].

minado paciente, e o inverso, assim como se relaciona a forma e a matéria. Por isso é necessário que o agente e o paciente sejam de um só gênero, pois a potência e o ato dividem todo gênero do ente: pois o branco não padece o doce senão por acidente, mas apenas o negro. Contudo, as coisas materiais e inteligíveis são completamente de gêneros diversos. Pois as coisas que não compartilham matéria não compartilham o gênero, como é claro pelo Filósofo nos livros V e X da *Metafísica*.[132] Por isso não pode ser que uma coisa material padeça por parte do intelecto ou aja no mesmo. E, por isso, o Criador da natureza proveu a nós das potências sensitivas, nas quais as formas estão de modo intermediário entre o modo inteligível e o modo material. De fato, convêm com as formas inteligíveis enquanto são formas sem matéria; com as formas materiais, porém, enquanto não estão ainda desprovidas das condições da matéria: e, por isso, pode haver ação e paixão de certo modo entre as coisas materiais e as potências sensitivas, de modo semelhante, entre essas coisas e o intelecto. Por isso, se o intelecto do anjo recebesse algumas formas das coisas materiais, seria necessário que ele tivesse potências sensitivas e, assim, teria unido a si um corpo de modo natural. Então, nessa posição parece que os anjos são animais, como alguns platônicos[133] sustentaram, e recebem as formas das coisas materiais; o que repugna à autoridade dos santos e à reta razão.

E, por isso, outros[134] dizem que o anjo não adquire as formas pelas quais conhece, recebendo-as das coisas, nem, porém, intelige por formas inatas; mas que tem no seu poder o conformar sua essência a cada coisa que lhe está presente; e por tal conformidade dizem que se segue o conhecimento da coisa. Mas isso, de novo, parece significar nada. Com efeito, não pode ser que

---

132. ARISTÓTELES, *Metaphysica*, V, c. 7, 1016a24; X, c. 4, 1054b27.
133. Cfr. APULEIO segundo se diz AGOSTINHO, *De civitate Dei*, VIII, c. 16: PL 41, 241.
134. Cfr. ADAM-PULCHRE-MULIERIS, *Liber de Intelligentiis*, XXX, XXXI e XXXII [ed. Baeumker, p. 37-9].

algo se conforme a algo a não ser segundo que sua forma se faça nele. Nem se pode dizer que a mesma essência do anjo, atuando, faz-se na forma da coisa material, porque sua essência é sempre de uma só razão: por isso é necessário que essa forma pela qual se conforma à coisa seja acrescentada à essência, e que esteja primeiro na potência no mesmo anjo; pois não se conformaria a não ser que antes tivesse a capacidade de se conformar. Contudo, nada se reduz da potência ao ato a não ser por isto que está em ato. Por isso, seria necessário que no anjo preexistissem algumas formas segundo as quais foi capaz de se reduzir a si mesmo da potência da conformidade ao ato da conformidade, assim como vemos que nossa imaginação forma uma nova espécie, como uma montanha de outro, a partir das espécies que antes tinha em si mesmo, a saber, da montanha e do outro: e, de modo semelhante, o intelecto forma a definição da espécie a partir das formas do gênero e da diferença. Por isso é necessário voltar a isso que algumas formas preexistem no anjo; e é necessário que essas sejam ou tomadas das coisas ou sejam inatas.

E, por isso, parece que se deve dizer, conforme a terceira opinião, que é mais comum e verdadeira, que os anjos conheçam as coisas materiais pelas formas inatas. Com efeito, assim como pelas razões eternas existentes na mente divina procedem as formas materiais para a substância das coisas, assim também procedem de Deus as formas de todas as coisas nas mentes angélicas para o conhecimento das coisas; de tal modo que assim o intelecto do anjo excede o nosso intelecto, como uma coisa formada excede a matéria informe. Por isso, nosso intelecto se compara *a uma tábua na qual não há nada inscrito*;[135] porém, o intelecto do anjo se compara a uma tábua pintada, ou a um espelho no qual refletem as razões das coisas.

---

135. ARISTÓTELES, *De anima*, III, c. 4, 429b31.

Respostas aos argumentos

1. Respondo, portanto, dizendo: que essa diferença da ciência especulativa e da prática não é por si, mas por acidente, a saber, enquanto são humanas: pois o homem, sobre as coisas que ele não faz, não tem conhecimento a não ser por formas recebidas das coisas. Contudo, ocorre de outro modo no anjo, que tem desde a sua criação formas das coisas introduzidas neles.

2. Respondo dizendo que o mistério da Encarnação foi conhecido primeiro pelos anjos do que pelos homens; por isso também os homens foram instruídos sobre o mesmo pelos anjos, como diz Dionísio no capítulo IV de *A hierarquia celeste*.[136] Com efeito, eles conheceram o mistério da Encarnação escondido por todos os séculos em Deus; e esse mistério dito antes foi dado a conhecer aos príncipes e potestades deste mundo por meio da Igreja dos anjos; que está nas regiões celestes; e o que se diz ali sobre a Igreja se deve referir à Igreja dos anjos, como expõe Agostinho, no livro V do *Comentário literal ao Gênesis*,[137] ainda que Jerônimo pareça dizer o contrário. Mas suas palavras não devem ser entendidas de modo que os anjos tenham recebido dos homens a ciência; porque, porém, os apóstolos pregavam as coisas já realizadas, que antes tinham sido preditas pelos profetas, os anjos as conheceram mais plenamente, assim como conhecem mais plenamente as coisas presentes do que as futuras, como se dirá a seguir, nesta questão, no artigo 12.

3. Respondo dizendo que os anjos, ainda que não conheçam algumas coisas futuras, porém as conhecem enquanto são

---

136. PSEUDO-DIONÍSIO, *De caelesti hierarchia*, IV, § 4: PG 3, 181 B.
137. AGOSTINHO, *Super Genesim ad litteram*, V, cap. 19: PL 34, 334.

presentes, mas não se segue disso que recebam algumas espécies das coisas que conhecem. Com efeito, como o conhecimento se dá por assimilação do cognoscente ao conhecido, receber de alguma coisa um novo conhecimento ocorre do modo como uma coisa se assimila de novo a outra coisa. De fato, isso ocorre de dois modos: de um modo, por seu movimento; de outro modo, por movimento de outra coisa até a forma que o mesmo já tem. E, de modo semelhante, alguém começa a conhecer alguma coisa nova de modo que o cognoscente recebe de novo a forma do conhecido, assim como ocorre em nós; de outro modo, por isso que o conhecido chega de novo à forma que está no cognoscente. E, desse modo, os anjos conhecem de novo as coisas presentes que antes eram futuras; como, por exemplo, se algo ainda não era homem, o intelecto angélico não o assimilava pela forma do homem que tem em si, mas quando começa a ser homem, o intelecto angélico começa a assimilar segundo essa mesma forma, sem que se faça uma mudança no mesmo.

4. Respondo dizendo que, assim como no intelecto não está a mesma forma pela qual a coisa existe, mas sua similitude, assim o conhecimento distinto de algumas coisas não requer que no cognoscente existam os mesmos princípios da distinção; mas é suficiente que no mesmo existam suas semelhanças; e não difere de onde se tomam essas similitudes, quanto ao conhecimento distinto.

5. Respondo dizendo que o intelecto do anjo, sem que adquira novas formas inteligíveis, pode inteligir algo de novo de dois modos: de um modo, por isso que algo de novo seja assimilado a essas formas, como já foi dito no corpo do artigo; de outro modo, por isso que o intelecto é reforçado com alguma luz mais forte para obter maiores conhecimentos a partir dessas mesmas formas: assim como a partir das mesmas formas existentes na imaginação, sobrevindo a luz da profecia, toma-se algum conhecimento, que não podia ser recebido pela luz natural do intelecto agente.

6. Respondo dizendo que as palavras do Filósofo devem ser entendidas no universal, segundo o que está na nossa compreensão, pela qual compreendemos as coisas naturais: pois isso se recebe a partir das coisas naturais. Mas o universal existente também em nossa compreensão com relação às coisas artificiais não é posterior, mas anterior, porque produzimos as coisas artificiais pelas formas universais da arte existentes em nós. E, de modo semelhante, Deus produz as criaturas pelas razões eternas, a partir das quais fluem as formas até o intelecto angélico. Por isso, não se segue que as formas do intelecto angélico sejam posteriores às coisas, mas que sejam posteriores às razões eternas.

7. Respondo dizendo que o conhecido está no cognoscente de modo semelhante, ou porque a forma do conhecido existente no cognoscente é recebida pelo conhecido, ou não; e, por isso, o argumento não vem a propósito.

8. Respondo dizendo que não há proporção entre a luz do intelecto angélico e as coisas sensíveis, de modo que se tornem inteligíveis em ato pela luz já dita, como é claro pelo dito; e, por isso, o argumento não procede.

9. Respondo dizendo que a alma não forma em si mesma algumas formas a não ser que algumas formas estejam pressupostas na mesma; e, por isso, é claro pelo dito que o argumento não se sustenta.

Artigo 10
Décimo, pergunta-se se os anjos superiores têm conhecimento por formas mais universais do que os inferiores[138]

E parece que não.

---

138. Lugares paralelos: *Super Sent.* II, d. 3, q. 3, a. 2; *Cont. Gent.* II, cap. 98; *De anima,* a. 7, ad 5 e a. 18; *Sum. Th.* I, q. 55, a. 3; *Super De causis,* l. 10.

Argumentos

1. O conhecimento dos anjos superiores é mais perfeito do que o dos anjos inferiores. Ora, o que se conhece no universal é conhecido mais imperfeitamente do que no particular. Logo, os anjos superiores não conhecem por formas mais universais.

2. Além do mais, se o conhecimento dos superiores é mais universal do que o dos inferiores; ou isso é quanto ao conhecimento, ou quanto à operação. Não quanto à operação, porque não são operações das coisas, como diz Damasceno;[139] de modo semelhante, nem quanto ao conhecimento, porque todos conhecem todas as coisas naturais, tanto os superiores como os inferiores. Logo, o conhecimento dos anjos superiores não é mais universal.

---

139. JOÃO DAMASCENO, *De fide*, II, c. 3: PG 94, 873.

3. Além do mais, se os anjos superiores conhecem também todas as coisas que os anjos inferiores conhecem, mas por formas mais universais, é necessário que a forma que esteja no intelecto do superior se estenda a muitas coisas. Ora, o mesmo não pode ser razão própria de muitas coisas. Logo, os anjos superiores não conhecem as coisas na própria natureza e, assim, conhecem mais imperfeitamente do que os inferiores; o que é um absurdo.

4. Além do mais, o conhecimento dos anjos é segundo a capacidade e a natureza do cognoscente, como diz Dionísio, no capítulo VII do *Sobre os nomes divinos*.[140] Ora, a natureza de um anjo superior é mais atual do que a natureza do inferior; logo, também de maneira semelhante, o conhecimento. Ora, o conhecimento universal está em potência, porém o conhecimento no particular está em ato. Logo, os anjos superiores conhecem as coisas pelas formas menos universais.

Ao contrário

1. É o que diz Dionísio, no capítulo XII de *A hierarquia celeste*,[141] quando diz que os anjos superiores, como os querubins, têm uma ciência mais alta e universal; porém os anjos inferiores têm uma ciência particular e sujeita.

2. Além do mais, diz-se, no livro *Sobre as causas*,[142] que *as inteligências superiores contêm as formas mais universais*.

---

140. PSEUDO-DIONÍSIO, *De divinis nominibus*, VII, § 2: PG 3, 869 C.
141. PSEUDO-DIONÍSIO, *De caelesti hierarchia*, XII, § 2: PG 3, 292 C.
142. *Liber de causis*, prop. 10 (9).

3. Além do mais, os anjos superiores são mais simples do que os inferiores. Logo, também as formas neles são mais simples. Logo, também mais universais, porque o que é mais universal é mais simples.

Respondo

Respondo dizendo que a potência que se relaciona com muitas coisas é determinada a uma só coisa pelo ato; por isso a forma e o ato se encontram como princípio da união; mas a potência se encontra como princípio da divisão e da multiplicação. E porque a eficácia de uma coisa no operar é por isto que está em ato, então se dá que toda capacidade quanto mais está unida, tanto mais é eficaz para operar; e, por isso, quanto mais uma capacidade é mais elevada, tanto precisa de poucas coisas para operar, que, porém, estendem-se a muitas coisas. E vemos isso comumente nas potências operativas e cognitivas. Com efeito, a arte arquitetônica, como a dos construtores, dirige-se por uma só forma de arte até todas aquelas coisas que se referem a sua arte; nas quais, porém, os artífices inferiores, como os pedreiros e os lenhadores, e outros semelhantes, são dirigidos por diversas artes. De modo semelhante, também nas coisas cognitivas alguém que é de intelecto mais elevado, a partir de poucos princípios que retém em si, tem prontamente o proceder para muitas conclusões, às quais não podem chegar os que são de engenho mais débil, a não ser por várias induções, e por princípios particulares adaptados às conclusões.

Por isso, como em Deus há perfeitíssimo poder e pureza de ato, o mesmo, por uma só coisa, que é sua essência, opera todas as coisas e conhece todas as coisas de modo muitíssimo eficaz. Contudo, dela mesma fluem as razões das coisas inteligíveis nos anjos, como é claro pelo dito no artigo precedente, não, de fato, para causar as coisas, mas para conhecê-las. Por isso, quanto mais há no anjo de ato e menos de potência, tanto menos a emanação de tais razões se multiplicará no mesmo e sua capacidade cognitiva será mais eficaz. E, segundo isso, os anjos superiores conhecem as coisas por formas mais universais do que os inferiores.

Respostas aos argumentos

1. Respondo, portanto, dizendo que conhecer algo no universal pode se entender de dois modos. De um modo, enquanto se refere ao conhecimento por parte do conhecido; e, assim, conhecer algo no universal é conhecer a natureza universal do conhecido. E, assim, a proposição tem a verdade, porque quando se conhece de uma coisa apenas a natureza universal, conhece-se mais imperfeitamente do que se fossem conhecidas as características próprias dela. De outro modo, conforme se refere ao conhecimento por parte disso pelo qual se conhece; e, assim, conhecer algo no universal, isto é, por meio universal, é mais perfeito, enquanto o conhecimento é levado até a própria coisa.

2. Respondo dizendo que se diz que as formas são mais universais quanto ao conhecimento, não porque causem um conhecimento de muitas coisas, mas porque um intelecto superior é aperfeiçoado por poucas formas para conhecer as mesmas coisas, e também para conhecer mais perfeitamente; como se o anjo superior por uma só forma de animal conhecesse todas as espécies dos animais, porém não o inferior, a não ser por muitas espécies. E, além disso, o anjo superior conhece mais razões inteligíveis das coisas mesmas.

3. Respondo dizendo que isso que é uma só coisa não pode ser a razão própria de muitas coisas, se for adequado a elas. Mas se for sobre-excedente, pode ser a razão própria de muitas coisas, porque contém em si uniformemente as próprias coisas que se encontram de modo distinto em cada uma delas. E desse modo a essência divina é a razão própria de todas as coisas, porque na mesma preexiste uniformemente qualquer coisa que se encontra de modo dividido em todas as criaturas, como diz Dionísio[143]. E, de modo semelhante, como as formas do intelecto angélico são mais excelentes do que as coisas mesmas, enquanto são mais próximas à essência divina, não há inconveniente se uma forma do intelecto angélico for uma razão própria de muitas coisas segundo suas diversas relações com as diversas coisas, assim como também a essência divina é a razão própria de muitas coisas segundo suas diversas relações com as coisas; a partir dessas relações surge a pluralidade das ideias. Mas as formas de nosso intelecto se tomam das coisas; por isso não são sobre-excedentes às coisas, mas como adequadas quanto à representação, ainda que sejam excedentes quanto ao modo de ser, enquanto têm ser imaterial. Por isso, uma só forma de nosso intelecto não pode ser a razão própria de muitas coisas.

4. Respondo dizendo ao quarto como ao primeiro.

---

143. PSEUDO-DIONÍSIO, *De divinis nominibus*, cap. 5, § 8: PG 3, 824 C.

Artigo 11
Décimo primeiro, pergunta-se se o anjo conhece as coisas singulares[144]

E parece que não.

---

144. Lugares paralelos: *Super Sent.* II, d. 3, q. 3, a. 3; *De ver.* q. 10, a. 5; *Quodl.* VII, q. 1, a. 3; *Cont. Gent.* II, cap. 100; *De anima,* a. 20; *Sum. Th.* I, q. 57, a. 2 e q. 89, a. 4.

Argumentos

1. Como diz Boécio,[145] *o universal é enquanto se intelige, o singular enquanto se sente*. Ora, o anjo não conhece senão pelo intelecto. Logo, não conhece as coisas singulares.

2. Mas se poderia dizer que a autoridade se entende do nosso intelecto, não, porém, do anjo. – Mas, ao contrário, ao nosso intelecto convém não inteligir as coisas singulares por razão de sua imaterialidade. Por isso, as potências cognitivas materiais existentes em nós, como o sentido e a imaginação, conhecem as coisas singulares. Ora, o intelecto do anjo é mais imaterial do que o humano. Logo, não conhece as coisas singulares.

3. Além do mais, todo conhecimento é por assimilação do cognoscente com o conhecido. Ora, o intelecto do anjo não

---

145. BOÉCIO, *In Porphyrii Isagogen. Sec.* I: PL 64, 85 D.

pode assimilar o singular enquanto é singular; porque o singular é singular pela matéria, e o intelecto do anjo é completamente separado da matéria e das condições da matéria. Logo, o intelecto do anjo não conhece as coisas singulares em sua singularidade.

4. Além do mais, é o mesmo o princípio do ser e o do conhecer, segundo o Filósofo.[146] Ora, a forma individual é princípio do ser singular. Logo, a mesma é princípio do conhecer o singular. Ora, o intelecto angélico recebe sem a matéria e sem as condições da matéria, a partir das quais se individuam as formas. Logo, recebe apenas o universal e não o singular.

5. Além do mais, tudo que está em outro está nele por modo do recipiente. Ora, o intelecto do anjo é simples e imaterial. Logo, as similitudes das coisas particulares existentes em seu intelecto estão nele imaterialmente e absolutamente e também universalmente; e, assim, por elas não conhece as coisas singulares.

6. Além do mais, as coisas diversas, enquanto diversas, não são conhecidas propriamente pelo mesmo meio, mas por um e outro, porque o conhecimento de certas coisas por meio comum é delas enquanto são unas. Ora, qualquer forma abstraída da matéria é comum a muitas coisas particulares. Logo, não pode ser que por ela diversas coisas particulares sejam conhecidas propriamente na própria natureza. Ora, no intelecto do anjo não há forma alguma, a não ser a imaterial. Logo, de nenhum modo pode conhecer as coisas singulares.

---

146. ARISTÓTELES, *Metaphysica*, II, c. 2, 993b30.

7. Além do mais, o universal se distingue do singular por isto que o universal está no intelecto, porém o singular está fora do intelecto. Ora, o universal nunca está fora do intelecto. Logo, o singular nunca está no intelecto; e, assim, não pode ser conhecido pelo intelecto.

8. Além do mais, nenhuma potência se estende além de seu objeto. Ora, a quididade depurada da matéria é objeto do intelecto, como se diz no livro III do *Sobre a alma*.[147] Logo, como a essência singular é concreta na matéria sensível, não pode ser conhecida pelo intelecto.

9. Além do mais, o que é conhecido com certeza não pode ser de outra maneira, porque o intelecto é de modo semelhante com relação às coisas ausentes e às presentes. Contudo, destas coisas que podem ser de outra maneira não há certeza, quando se fazem ausentes, como se diz no livro VII da *Metafísica*.[148] Ora, as coisas singulares podem ser de outra maneira, pois estão sujeitas ao movimento e à variação. Logo, não podem ser conhecidas pelo intelecto; e, assim, o mesmo que antes.

10. Além do mais, a forma do intelecto é mais simples do que o intelecto, como a perfeição ao perfectível. Ora, o intelecto do anjo é imaterial. Portanto, também as formas mesmas são imateriais. Ora, as formas não são individuais, a não ser que sejam materiais. Logo, essas formas são universais; e, assim, elas não são princípio do conhecer o particular.

---

147. ARISTÓTELES, *De anima*, III, c. 11, 430b28.
148. ARISTÓTELES, *Metaphysica*, VII, c. 15, 1040a2.

11. Além o mais, a medida, porque é princípio do conhecer do mensurado, deve ser homogênea ao mensurado, como se diz no livro X da *Metafísica*.[149] Logo, também a espécie, que é princípio do conhecer, deve ser homogênea à coisa que se conhece por meio da mesma. Ora, a forma do intelecto angélico não é homogênea em relação ao singular, pois é imaterial. Logo, por ela o anjo não pode conhecer as coisas singulares.

12. Além do mais, o poder da glória excede o poder da natureza. Logo, o conhecimento humano glorificado excede o conhecimento natural do anjo. Ora, o intelecto do homem glorificado não conhece as coisas singulares que estão aqui, porque, como diz Agostinho, no livro *Sobre o cuidado devido aos mortos*,[150] *os mortos, inclusive os santos, não sabem o que fazem os vivos, nem sequer os seus filhos*. Logo, nem os anjos singulares podem conhecer com um conhecimento natural as coisas singulares.

13. Além do mais, se o anjo conhece as coisas singulares ou isso é por espécies singulares, ou por universais. Ora, não por singulares, porque seria necessário que fossem tantas espécies quantos são os singulares. Contudo, as coisas singulares são infinitas em potência. O que principalmente aparece se se estabelece que o mundo depois não falhará com relação a este estado; o que consta ser possível a Deus. E, assim, seriam infinitas formas no intelecto angélico; o que é impossível. De modo semelhante, não por universais, porque assim não haveria conhecimento distinto dos singulares, e isso seria conhecer as coisas singulares imperfeitamente, o que não se deve atri-

---

149. ARISTÓTELES, *Metaphysica*, X, c. 2, 1053a24.
150. AGOSTINHO, *De Cura pro Mortuis Gerenda*, cap. 16: PL 40, 606.

buir aos anjos. Logo, os anjos de nenhum modo conhecem as coisas singulares.

Ao contrário

1. Ninguém custodia aquilo que ignora. Ora, os anjos custodiam os homens singulares, como é claro em Sl 90,11: *Ele ordenou aos seus anjos* etc.; logo, os mesmos conhecem as coisas singulares.

2. Além do mais, o amor não é senão do que é conhecido, como é claro por Agostinho no livro *Sobre a Trindade*.[151] Ora, os anjos, por terem caridade, amam os homens singulares, também quanto aos corpos sensíveis, que são amados por caridade. Logo, também os conhecem.

3. Além do mais, diz o Filósofo, no livro *Analíticos Posteriores*,[152] que o que conhece o universal conhece o particular, mas não o inverso. Ora, os anjos conhecem as causas universais das coisas. Logo, também conhecem as coisas singulares.

4. Além do mais, *qualquer coisa que pode uma potência inferior pode também a superior*, como diz Boécio no livro *A consolação da Filosofia*.[153] Ora, a potência sensitiva e imaginativa do homem conhece as coisas singulares. Logo, com maior força de razão a potência intelectiva do próprio anjo.

---

151. AGOSTINHO, *De Trinitate*, X, c. 1: PL 42, 971.
152. ARISTÓTELES, *Analytica posteriora*, I, c. 38, 86a11 [presente em *Órganon*, obra publicada em *Clássicos Edipro*. (N.E.)].
153. BOÉCIO, *De consolatione philosophiae*, Prosa 4: PL 63, 849 B.

Respondo

Respondo dizendo que alguns[154] erraram acerca disso, dizendo que os anjos não conhecem as coisas singulares. Mas essa posição é estranha à fé, porque remove os ministérios dos anjos acerca dos homens, e também repugna a reta razão; porque se os anjos ignoram as coisas que nós conhecemos, ao menos quanto a isso o conhecimento deles seria mais imperfeito: como também diz o Filósofo, no livro I do *Sobre a alma*,[155] que sucederia que Deus seria muitíssimo tolo se desconhecesse a discórdia, que outros conhecem.

Por isso, excluído esse erro, encontram-se quatro modos, assinalados por diversos autores, pelos quais os anjos conhecem as coisas singulares. Com efeito, alguns[156] dizem que conhecem as coisas abstraindo delas suas espécies, assim como também nós as conhecemos pelos sentidos. Mas essa posição é completamente irracional. Primeiro, porque os anjos não têm conhecimento recebido das coisas, como é claro por Dionísio,[157] e por Agostinho no livro II do *Comentário literal ao Gênesis*,[158] e dessas coisas que foram ditas anteriormente. Segundo, porque dado que recebessem das coisas, as formas, porém, seriam recebidas no intelecto de modo imaterial por modo do intelecto que recebe: e, assim, permaneceria a mesma dificuldade pela qual poderiam conhecer as coisas singulares, que são individuadas pela matéria.

---

154. MAIMÔNIDES, *Dux neutr.*, II, c. 13 e ISAAC ISRAELI, *Liber de Definicionibus* [ed. Muckle, p. 315-6].
155. ARISTÓTELES, *De anima*, I, c. 12, 410b4.
156. ADAM-PULCHRE-MULIERIS, *Liber de Intelligentiis* [Ed. Baeumker, p. 33 e 35 ss].
157. PSEUDO-DIONÍSIO, *De divinis nominibus*, cap. 7, § 2: PG 3, 868 B; Dion. 388.
158. AGOSTINHO, *Super Genesim ad litteram*, cap. 8: PL 34, 270.

Outro modo é o que sustenta Avicena na sua *Metafísica*,[159] dizendo que Deus e os anjos conhecem as coisas singulares universalmente, e não singularmente; de modo que se entenda que algo seja conhecido de modo singular quando é conhecido enquanto está aqui e agora e segundo todas as condições individuantes; porém de modo universal quando é conhecido segundo os princípios e causas universais; como alguém que conhece singularmente este eclipse quando o percebe pelo sentido, porém universalmente quando o prenuncia a partir dos movimentos celestes. E, assim, as coisas singulares são conhecidas pelos anjos universalmente, enquanto, conhecidas todas as causas universais, nada permanece ignorado nos efeitos singulares. Mas esse modo de conhecimento não parece ser suficiente. Com efeito, sustentamos que os anjos conhecem as coisas singulares também segundo as coisas que pertencem à singularidade delas, como os que conhecem os atos singulares dos homens e outras coisas tais que são consideradas para o ofício de custódia.

Por isso um terceiro modo é assinalado por alguns,[160] que dizem que os anjos têm em si as formas universais de toda a ordem do universo, infundidas neles pela criação, que aplicam a este ou àquele singular e, assim, conhecem as coisas singulares a partir das formas singulares. Mas esse modo não parece conveniente, porque uma coisa não se pode aplicar a outra a não ser que esta outra seja de algum modo conhecida antes; assim como aplicamos o conhecimento universal aos singulares que preexistem em nosso conhecimento sensitivo. Contudo, nos anjos não há outro conhecimento do que o intelectivo, no qual preexiste o conhecimento das coisas singulares, de modo tal que as formas

---

159. AVICENA, *Metaphysica*, VIII, c. 6, f. 100rb C. [Opera in lucem redacta ac nuper quantum ars niti per canonicos emendata. Translata per Dominicum Gundissalinum. Venetiis, 1508].

160. Cfr. BOAVENTURA, *Super Sent.*, II, d. 3, p. II, a. 2, q. 1.

universais do intelecto deles possam se aplicar aos singulares. Por isso é claro que a aplicação do universal ao particular exige antes o conhecimento intelectual dos singulares nos anjos e não é causa do mesmo.

E, por isso, no quarto modo, o mais provável, se diz que as formas que estão no intelecto do anjo são eficazes para causar o conhecimento não só das coisas universais, mas também dos particulares, sem qualquer aplicação pressuposta; ainda que não seja dessa maneira com relação às formas de nosso intelecto, que se relacionam com as coisas de modo duplo: de um modo, como causa das coisas, assim como as formas do intelecto prático; de outro modo, como causadas pelas coisas, assim como as formas do intelecto especulativo, pelo qual especulamos as coisas naturais. Contudo, pelas formas do intelecto prático, um artífice não opera senão a forma; por isso essa forma é semelhante apenas à forma. E porque toda forma, enquanto tal, é universal, por isso, pela forma da arte o artífice não tem conhecimento da coisa artificial senão no universal; mas adquire esse conhecimento no singular pelo sentido, como também qualquer outra coisa. No entanto, se pelas formas de arte produzisse a matéria e a forma, então essa forma seria exemplar da forma e da matéria; e, assim, por essa forma conheceria as realidades artificiais não só no universal, mas também no singular, porque o princípio da singularidade é a matéria. Contudo, as formas que estão no intelecto especulativo são feitas de certo modo em nós por razão das coisas mesmas. No entanto, toda ação é pela forma; e, por isso, enquanto depende da virtude do agente, não se faz em nós forma alguma das coisas a não ser que seja uma similitude da forma. Mas por acidente acontece que existe também uma similitude das disposições materiais enquanto se recebe no órgão material, que recebe de modo material e, assim, são retidas algumas condições da matéria. Por isso, ocorre que o sentido e a imaginação conhecem as coisas singulares. Mas, porque o intelecto recebe completamente

8. Respondo dizendo que, por essa espécie depurada da matéria que o intelecto do anjo tem em si mesmo, inteligem também as condições materiais da coisa, como é claro pelo dito no corpo do artigo.

9. Respondo dizendo que o intelecto do anjo, por espécie que tem em si, conhece o singular não só na sua substância, mas também segundo todos os seus acidentes; e, por isso, conhece qualquer variação do acidente que subsista no singular; e, assim, a variação do singular não tira a certeza do conhecimento angélico.

10. É clara a resposta ao décimo pelo dito.

11. Respondo dizendo que a medida, enquanto é princípio do conhecer o mensurado, é de um gênero com o mensurado, mas não absolutamente; assim como é claro que o antebraço é medida do pão, e não convém a ele a não ser na quantidade: pois assim é sua medida. Dessa maneira também não é necessário que a forma do intelecto angélico convenha com o singular existente fora da alma, segundo o modo de existir; porque o singular existe materialmente, e a forma dita antes é imaterial.

12. Respondo dizendo que os santos que estão na glória conhecem no Verbo as coisas que acontecem aqui, como de maneira manifesta Gregório diz no livro *Sobre a moral*;[161] porém as palavras de Agostinho devem ser entendidas quanto à condição natural, de não ser semelhante a do anjo e a da alma, porque

---

161. GREGÓRIO, *Moral.*, XII, c. 21: PL 75, 999 B.

o anjo tem naturalmente formas introduzidas neles a partir da criação, pelas quais conhece as coisas singulares.

13. Respondo dizendo que as formas do intelecto angélico não são singulares, como as formas da imaginação ou do sentido, pois são completamente imateriais; nem são universais do modo como são as formas de nosso intelecto, pelas quais não se representa senão a natureza universal; mas existem em si mesmas imateriais, exprimem e demonstram a natureza universal e as condições particulares.

Artigo 12
Décimo segundo, pergunta-se se os anjos conhecem as coisas futuras[162]

E parece que sim.

---

162. Lugares paralelos: *Super Sent.* I, d. 38, a. 5; ibid., II, d. 3, q. 3, a. 3, ad 4 e d. 7, q. 2, a. 2; *Cont. Gent.* III, cap. 154; *De anima,* a. 20, ad 4; *Sum. Th.* I, q. 57, a. 3 e q. 86, a. 4; *Comp. Theol.,* cap. 134; *De spir. Creat.,* a. 5, ad 7; *De malo,* q. 16, a. 7; *Sum. Th.* II-II, q. 95, a. 1.

Argumentos

1. Os anjos conhecem as coisas pelas formas inatas. Ora, essas formas se referem de igual maneira às coisas presentes e às futuras. Logo, como os anjos conhecem as coisas presentes, conhecem de maneira semelhante também as futuras.

2. Além do mais, Boécio, no livro V de *A consolação da Filosofia*,[163] assinala esta causa pela qual Deus pode conhecer previamente de modo infalível os futuros contingentes,[164] porque sua visão é toda simultânea, pois é medida pela eternidade. Ora, a visão beatífica é toda simultânea, pois é medida pela eternidade participada. Logo, os anjos bem-aventurados conhecem os futuros contingentes.

---

163. BOÉCIO, *De consolatione philosophiae*, V, prosa 6: PL 63, 859 A.
164. Por "futuro contingente" entende-se aqui um evento não presente e não necessário que, por ser efeito de uma causa contingente, pode ou não ocorrer no futuro. Para Tomás de Aquino, Deus conhece todos os eventos como presentes, porque conhece tudo simultaneamente, sem partes, independentemente de ser necessário ou contingente.

3. Além do mais, diz Gregório, no livro IV de *Os diálogos*,[165] que, quando a alma se desliga dos vínculos do corpo, a potência sutil da natureza conhece as coisas futuras. Ora, o anjo é maximamente desligado dos vínculos do corpo, e é de uma natureza sutilíssima. Logo, conhecem as coisas futuras.

4. Além do mais, o intelecto possível de nossa alma está em potência para conhecer todas as coisas e, assim, para conhecer as coisas futuras. Ora, a potência do intelecto é toda determinada por formas inatas, como foi dito anteriormente, nos artigos 4 e 8, desta questão. Logo, os anjos têm conhecimento das coisas futuras.

5. Além do mais, qualquer um que tem providência sobre alguém deve ter também presciência das coisas que se referem a ele. Ora, os anjos têm o cuidado e a providência de nós pelo ofício da custódia. Logo, eles conhecem as coisas que para nós são futuras.

6. Além do mais, o intelecto do anjo excede o intelecto humano. Ora, o intelecto humano conhece as coisas futuras que têm causas determinadas na natureza. Logo, o intelecto angélico conhece os futuros contingentes com relação a uma coisa ou outra, que não têm certas causas determinadas; logo etc.

7. Além do mais, porque recebemos o conhecimento das coisas, nós nos relacionamos de modo distinto ao conhecer as coisas presentes e futuras; por isso é necessário que as coisas conhecidas preexistam na nossa ciência. Ora, os anjos não recebem o conhecimento das coisas. Logo, eles se relacionam de

---

165. GREGÓRIO, *Liber dialogorum*, IV, cap. 26: PL 77, 357 C.

igual modo com o conhecimento das coisas presentes e futuras; e, assim, o mesmo que antes.

8. Além do mais, o conhecimento intelectivo não concerne a certo tempo, porque abstrai do aqui e agora e, assim, de modo igual se refere a todo o tempo. Ora, o anjo não tem conhecimento a não ser intelectivo. Logo, comporta-se de igual modo ao conhecer as coisas presentes e futuras; e, assim, o mesmo que antes.

9. Além do mais, o anjo conhece mais coisas do que o homem pode conhecer. Ora, o homem no estado de inocência conhecia as coisas futuras; por isso, também, em Gn 2,24, Adão disse: *por isso um homem deixa seu pai e sua mãe* etc. Logo, também os anjos conhecem as coisas futuras.

Ao contrário

1. É o que se diz em Is 41,23: *mostrai-nos o que há de vir em seguida, e saberemos que sois deuses*; e, assim, saber as coisas futuras é juízo da divindade. Ora, os anjos não são deuses. Logo, ignoram as coisas futuras.

2. Além do mais, não pode haver o conhecimento certo senão das coisas que têm uma determinada verdade. Ora, os futuros contingentes não são assim, como é claro no livro I do *Sobre a interpretação*.[166] Logo, os anjos não conhecem os futuros contingentes.

3. Além do mais, as coisas futuras não podem ser conhecidas senão ou por espécie da arte, como o artífice conhece as

---

166. ARISTÓTELES, *De Interpretatione*, I, c. 13, 18a28 ss. [*Da Interpretação*, presente em *Órganon*, obra publicada em *Clássicos Edipro*. (N.E.)]

coisas que ele irá fazer, ou nas causas, como se conhece o frio futuro nos signos e nas disposições das estrelas. Ora, os anjos não conhecem as coisas futuras pela arte, porque eles não são operadores das coisas; nem também nas suas causas, porque as coisas futuras contingentes não são determinadas em suas causas, de outro modo seriam necessárias. Logo, os anjos de nenhum modo conhecem os futuros contingentes.

4. Além do mais, Hugo de São Vítor diz no livro *Sobre os sacramentos*[167] que *foram mostradas aos anjos as coisas que eles iriam fazer, não, porém, as coisas que ocorreriam a eles no futuro*. Logo, por muito menos razão conhecem as coisas futuras.

Respondo

Respondo dizendo que cada coisa é conhecida em outra do modo que está nela. Portanto, há algumas coisas futuras que estão de tal modo determinadas em suas causas próximas que ocorrem necessariamente nelas, como o Sol virá amanhã; e tais efeitos futuros podem ser conhecidos em suas causas. Ora, outros efeitos futuros não estão em suas causas determinadamente, de modo que não possam ocorrer de outro modo; mas as causas deles se relacionam mais com uma coisa do que com outra; e essas são as coisas contingentes que ocorrem em muitos ou em poucos casos; e tais efeitos não podem ser conhecidos em suas causas de maneira infalível, mas com alguma certeza de conjetura. Contudo, existem efeitos futuros cujas causas se comportam de maneira indiferente em cada um deles; porém, esses são chamados contingentes em relação a uma coisa ou outra, como são principalmente as coisas que dependem do livre-arbítrio. Mas, porque da causa referida a uma coisa ou outra, que está como

---

167. HUGO DE SÃO VÍTOR, *De sacramentis*, I, p. V, c. 18: PL 176, 254 A.

em potência, não se avança até algum efeito, a não ser que por outra causa se determine mais a uma coisa do que a outra, como prova o Comentador no livro II da *Física*,[168] por isso, tais efeitos, de fato, de nenhum modo podem ser conhecidos até ambos em suas causas tomadas por si mesmas. Ora, se se acrescentam essas causas que inclinam até ambos mais a um do que a outro, pode ter alguma certeza dos ditos efeitos conjeturais, assim como dessas coisas que dependem do livre-arbítrio conjeturamos algumas coisas futuras a partir dos costumes e compleições dos homens, pelos quais se inclinam a uma coisa. Contudo, todos esses efeitos, quaisquer que sejam suas causas próximas, estão, porém, determinados na causa primeira, que em sua presença intui todas as coisas, e sua providência determina o modo a todas as coisas.

No entanto, os anjos intuem a essência divina e por formas inatas têm conhecimento de todas as coisas e das causas naturais. Portanto, com o conhecimento natural que é pelas formas inatas, podem conhecer previamente apenas aquelas coisas futuras que estão determinadas em suas causas naturais, ou apenas em uma causa, ou em uma coleção de muitas coisas; porque algo é contingente com relação a uma só causa e é necessário com relação ao concurso de muitas causas. No entanto, os anjos conhecem todas as coisas naturais; por isso sobre certas coisas que parecem contingentes, consideradas algumas causas suas, os anjos as conhecem como necessárias, pois conhecem todas as causas delas. Contudo, se compreendessem a providência divina, saberiam todos os futuros eventos. Mas, porque alguns intuem a providência divina de modo mais perfeito que outros, ainda que nenhum deles a compreenda perfeitamente, por isso, alguns sabem no Verbo mais coisas futuras, inclusive os contingentes com relação a uma coisa ou outra, do que outros.

---

168. AVERRÓIS, *Physica*, comm. 48, vol. IV, 66 I. [*Commentaria in Opera Aristotelis*, Venetiis, 1562].

Respostas aos argumentos

1. Respondo, portanto, dizendo que as espécies que estão na mente do anjo não se comportam de modo igual com relação às coisas presentes e futuras, porque essas coisas que são presentes são semelhantes em ato às formas existentes nos anjos; porém, aquelas que são futuras ainda não são semelhantes; e, por isso, não são conhecidas pelas formas já ditas, como foi declarado anteriormente.

2. Respondo dizendo que, quanto à visão pela qual veem as coisas no Verbo, comportam-se indiferentemente ao conhecer as coisas presentes e futuras; porém, não se segue que conheçam no Verbo todas as coisas futuras, porque não compreendem o Verbo.

3. Respondo dizendo que, assim como narra Agostinho, no livro XII do *Comentário literal ao Gênesis*,[169] alguns sustentaram que *a alma em si mesma tem certa capacidade de adivinhação*. Mas Agostinho reprova isso no mesmo lugar, porque se por si mesmo a alma pudesse predizer as coisas futuras, sempre seria conhecedora de antemão das coisas futuras. Contudo, agora vemos que não está em seu poder ter o conhecimento das coisas futuras sempre que quiser, ainda que, às vezes, tenha conhecimento prévio; por isso é necessário que venha a ajuda de alguém que conheça as coisas futuras. E é ajudada por algum espírito superior, incriado ou criado, bom ou mau. E, porque sua ação se torna pesada pela massa do corpo, também enquanto entende as coisas sensíveis, é menos capaz de entender as inteligíveis; por isso quando é abstraída dos sentidos, ou pelo sonho, ou pela enfermidade, ou por qualquer outro modo, faz-se por isso mais

---

169. AGOSTINHO, *Super Genesim ad litteram*, cap. 13: PL 34, 464.

idônea para receber a impressão do espírito superior. E, por isso, enquanto está desligada do modo antes dito do corpo, conhece previamente as coisas futuras pela revelação de um espírito que lhe possa revelar essas coisas futuras que conhece previamente, ou com um conhecimento natural, ou no Verbo, como foi dito.

4. Respondo dizendo que a potência é dupla. Uma é natural, que pode ser reduzida pelo agente natural ao ato; e tal potência nos anjos está totalmente completa por formas inatas: mas, segundo tal potência, nosso intelecto possível não está em potência para conhecer qualquer futuro. Contudo, outra potência é da obediência, segundo que na criatura pode ser feita qualquer coisa que nela o Criador queira que se faça; e, assim, o intelecto possível está em potência para conhecer quaisquer coisas futuras, a saber, enquanto podem ser divinamente reveladas. No entanto, tal potência do intelecto angélico não está totalmente completa por formas inatas.

5. Respondo dizendo que aquele que tem providência de alguns não é necessário que conheça os eventos futuros, mas que preveja que os eventos possam ocorrer de modo que segundo isso aplique os remédios.

6. Respondo dizendo que o intelecto do anjo excede o humano nisto que conhece muito mais e com maior certeza as coisas contingentes determinadas em suas causas; porém não é necessário que exceda quanto a isso que a objeção se refere.

7. Respondo dizendo ao sétimo como ao primeiro.

8. Respondo dizendo que o anjo, pelo conhecimento intelectivo, conhece aquelas coisas que são aqui e agora, ainda que o mesmo intelecto cognoscente seja livre do aqui e agora, como é claro pelo dito. E por isso não é de admirar se conhece de outro modo as coisas presentes do que as futuras; não por isto que o mesmo se comporte de outro modo com relação a elas, mas por isto que se comportam de modo diverso com relação ao mesmo, como é claro pelo dito.

9. Respondo dizendo que o homem no estado de inocência não poderia conhecer os futuros contingentes a não ser nas suas causas, ou no Verbo; como conhecem os anjos, como é claro pelo dito.

Resposta ao contrário

De fato, acerca das coisas que estão nos argumentos em contrário, enquanto procedem contra a verdade, a resposta é clara pelo dito.

Artigo 13
Décimo terceiro, pergunta-se se os anjos podem saber as coisas ocultas dos corações[170]

E parece que sim.

---

170. Lugares paralelos: *Super Cor.* I, cap. 2, l. 2; *Sum. Th.* I, q. 57, a. 4 e q. 86, a. 4; *De malo*, q. 16, a. 8; *Resp. 42 art.*, art. 38; *Resp. 36 art.*, a. 36.

Argumentos

1. O ofício dos anjos é purificar. Ora, a impureza, da qual somos purificados, está na consciência. Logo, os anjos conhecem nossas consciências.

2. Além do mais, assim como o corpo é configurado pela figura, assim o intelecto é configurado pela espécie disto que pensa em ato. Ora, o olho que vê o corpo vê simultaneamente a figura do corpo. Logo também o anjo, vendo o intelecto de outro anjo, vê seu pensamento.

3. Além do mais, as espécies que estão no intelecto, sendo inteligíveis em ato, são mais inteligíveis que as formas existentes nas coisas materiais, que são inteligíveis apenas em potência. Ora, os anjos, pelas formas que têm em si, entendem as formas das coisas materiais. Logo, com muito mais razão inteligem as formas existentes em nosso intelecto; e, assim, conhecem nossos pensamentos.

4. Além do mais, o conhecimento do homem nunca é sem a imagem. Ora, os anjos conhecem as imagens que estão em nossa imaginação; por isso Agostinho diz, no livro XII do *Comentário literal ao Gênesis*,[171] que *as similitudes espirituais das coisas corporais que estão no nosso ânimo são conhecidas também pelos espíritos imundos*. Logo, os anjos conhecem nossos pensamentos.

5. Além do mais, o anjo por formas que tem em si conhece qualquer coisa que pode fazer por elas. Ora, o mesmo pode imprimir no nosso intelecto, iluminando e purificando-nos. Logo, como maior força de razão pode conhecer nossos pensamentos.

6. Além do mais, Agostinho diz, no livro *Sobre as adivinhações dos demônios*,[172] que os demônios, *às vezes, conhecem com toda facilidade as disputas dos homens não só proferidas pela voz, mas inclusive só concebidas pelo pensamento, enquanto desde o ânimo são expressas no corpo*. Ora, não há pensamento algum que não deixe algum movimento no corpo. Logo, os demônios conhecem todos os nossos pensamentos, e de modo muito mais amplo os anjos santos os conhecem.

7. Além do mais, Orígenes,[173] sobre isto que se diz em Rm 2,15: *e seus pensamentos que alternadamente se acusam ou defendem*, diz que se deve entender com relação aos pensamentos que ocorreram antes, dos quais alguns sinais permaneceram nos que pensaram. Logo, de qualquer pensamento resta algum sinal na alma. Ora, esse sinal não pode ser ignorado pelo anjo, que vê toda a alma. Logo, os anjos conhecem nossos pensamentos.

---

171. AGOSTINHO, *Super Genesim ad litteram*, XII, cap. 17: PL 34, 467.
172. AGOSTINHO, *De divinationibus Daemonum*, cap. 5: PL 40, 586.
173. ORÍGENES, *Super epist. ad Rom.* II, n. 10, Rufino *interprete*: PG 14, 894 A-B; *Glosa* de PEDRO LOMBARDO, ibid.: PL 191, 1346 C.

8. Além do mais, os anjos conhecem os efeitos nas causas. Ora, o conhecimento procede da mente, como diz Agostinho no livro XI do *Sobre a Trindade*.[174] E do conhecimento habitual procede a inteligência atual. Logo, como os anjos conhecem nossa mente, conhecem nosso conhecimento e pensamento atual.

Ao contrário

1. Diz-se em Jr 17,9s: *o coração é falso como ninguém, ele é incorrigível; quem poderá conhecê-lo? Eu, o Senhor*. Logo, é só de Deus conhecer os segredos dos corações.

2. Além do mais, diz-se no Sl 7,10: *pois tu sondas os corações e os rins, Deus justo*; e, assim, parece que isso é só próprio de Deus.

Respondo

Respondo dizendo que os anjos não podem por si e diretamente intuir os pensamentos dos corações.[175] Com efeito, para isto que a mente pensa algo em ato, requer-se a intenção da vontade pela qual a mente se converte em ato à espécie que tem, como é claro por Agostinho no livro *Sobre a Trindade*.[176] Contudo, o movimento da vontade de outro não pode ser conhecido pelo anjo com um conhecimento natural, porque o anjo conhece de modo natural por formas introduzidas nele, que são similitudes das coisas existentes na natureza; porém o movimento da vontade não tem dependência nem conexão com outra causa natural, mas só com a causa divina, que é a única que pode imprimir na vontade. Por isso, o movimento da vontade e o pensamento do

---

174. AGOSTINHO, *De Trinitate*, XI, cap. 12: PL 42, 970.
175. Entende-se "corações" por intenções, consciências.
176. AGOSTINHO, *De Trinitate*, XI, c. 3 e 4: PL 42, 988-990.

coração não podem ser conhecidos em algumas semelhanças de coisas naturais, mas só na essência divina, que imprime na vontade. E, assim, os anjos não podem diretamente conhecer os pensamentos dos corações, a não ser que seja revelado no Verbo.

Mas por acidente, algumas vezes, pode conhecer o pensamento do coração; e isso de dois modos. De um modo, enquanto do pensamento atual resulta um movimento no corpo, enquanto um está afetado pela alegria ou a tristeza com relação a essas coisas que pensa e, assim, o coração de certo modo se move. Com efeito, por esse modo também os médicos, às vezes, podem conhecer a paixão do coração. De outro modo, enquanto a partir do pensamento atual alguém merece ou desmerece; e, assim, de certo modo, o estado do agente ou do que pensa muda para o bem ou para o mal. E os anjos conhecem essa mudança. Mas disso não se conhece o conhecimento a não ser no geral; pois alguém merece ou desmerece, alegra-se ou entristece-se, do mesmo modo, a partir de muitos pensamentos diversos.

Respostas aos argumentos

1. Respondo, portanto, dizendo que essa purificação da qual fala Dionísio não se deve entender da impureza do pecado, mas da ignorância.

2. Respondo dizendo que a partir de uma só espécie que o intelecto tem em si atinge diversos pensamentos, assim como pela espécie do homem podemos pensar várias coisas sobre o homem. Por isso, ainda que o anjo veja que nosso intelecto se configura segundo a espécie do homem, não se segue que conheça de maneira determinada o pensamento do coração.

3. Respondo dizendo que não pensamos em ato todas as coisas cujas espécies temos em nós, pois, algumas vezes, as espécies estão em nós apenas de modo habitual. Por isso, porque as espécies de nosso intelecto são vistas pelo anjo, não se segue que o pensamento seja conhecido.

4. Respondo dizendo que, a partir das mesmas imagens, a nossa razão tende a pensar em diversas coisas; e, por isso, também ao conhecer as imagens pelas quais a alma entende, não se segue que o pensamento seja conhecido. Por isso também, no mesmo lugar, Agostinho acrescenta: *se os demônios pudessem ver a espécie interna das virtudes dos homens, não os tentariam.*

5. Respondo dizendo que pela ação do anjo nos tornamos capazes de pensar algo; mas para isso que procedemos no ato do pensamento, requer-se a intenção da vontade, que de nenhum modo depende do anjo. Por isso, ainda que os anjos possam conhecer a virtude de nosso intelecto, a saber, pelo qual podemos especular os inteligíveis, porém, não se segue que conheçam os pensamentos atuais.

6. Respondo dizendo que do movimento do corpo, que está nas paixões da alma, não se segue qualquer pensamento, mas apenas ao prático. Com efeito, quando consideramos alguma coisa de maneira especulativa, *temo-la* considerado de modo *como se a estivéssemos considerando em um quadro*, como se diz no livro II do *Sobre a alma*.[177] E, porém, quando também seguem os movimentos corporais, esses movimentos não indicam o pensamento, a não ser no geral, como foi dito.

7. Respondo dizendo que esses sinais não são outra coisa do que os méritos ou deméritos, pelos quais o pensamento não pode ser conhecido senão de modo geral.

---

177. ARISTÓTELES, *De anima*, II (= III), c. 3, 427b23.

8. Respondo dizendo que, ainda que a mente e o conhecimento habitual sejam conhecidos pelo anjo, porém não se segue que o seja o conhecimento atual, porque por um único conhecimento habitual progridem muitas considerações atuais.

Artigo 14
Décimo quarto, pergunta-se se os anjos conhecem simultaneamente muitas coisas[178]

E parece que sim.

---

178. Lugares paralelos: *Super Sent.* II, d. 3, q. 3, a. 4; *Cont. Gent.* II, cap. 101; *Sum. Th.* I, q. 58, a. 2.

Argumentos

1. Como diz Agostinho no livro XV do *Sobre a Trindade*,[179] na pátria celeste *veremos toda nossa ciência simultaneamente em uma só consideração*. Mas os anjos veem agora do modo como nós veremos na pátria celeste. Logo, também agora os anjos inteligem em ato muitas coisas simultaneamente.

2. Além do mais, o anjo inteligue que o homem não é uma pedra. Ora, todo aquele que inteligue isso inteligue simultaneamente o homem e a pedra. Logo, o anjo inteligue simultaneamente muitas coisas.

3. Além do mais, o intelecto do anjo é mais poderoso do que o sentido comum. Ora, o sentido comum apreende simultaneamente muitas coisas, porque seu objeto é o número, cujas partes são muitas unidades. Logo, com muito maior razão o anjo pode conhecer simultaneamente muitas coisas.

---

179. AGOSTINHO, *De Trinitate*, XV, cap. 16: PL 42, 1079.

4. Além do mais, aquilo que convém ao anjo por virtude de sua natureza lhe convém segundo qualquer meio pelo qual intelige. Ora, aos anjos por virtude de sua natureza convém inteligir simultaneamente muitas coisas: por isso diz Agostinho, no livro IV do *Comentário literal ao Gênesis*,[180] que *a potência espiritual da mente angélica compreende simultaneamente todas as coisas que quer com um conhecimento muitíssimo fácil*. Logo, seja porque conhece as coisas no Verbo, seja pelas espécies próprias, pode simultaneamente conhecer muitas coisas.

5. Além do mais, o intelecto e o inteligível se referem relativamente entre si. Ora, um inteligível pode ser visto simultaneamente por diversos intelectos. Logo, também um intelecto pode simultaneamente considerar as diversas coisas inteligíveis.

6. Além do mais, Agostinho diz, no livro X do *Sobre a Trindade*,[181] que *a nossa mente sempre tem memória de si mesma, se intelige a si e quer a si mesma*: e a mesma razão se dá para a mente do anjo. Ora, o anjo, às vezes, intelige outras coisas. Logo, então intelige simultaneamente muitas coisas.

7. Além do mais, assim como o intelecto se diz em relação ao inteligível, assim também a ciência se diz em relação ao cognoscível. Ora, o que sabe pode saber muitas coisas simultaneamente. Logo, o intelecto pode simultaneamente conhecer muitas coisas.

8. Além do mais, a mente do anjo é muito mais espiritual do que o ar. Ora, no ar, em virtude de sua espiritualidade, podem existir simultaneamente diversas formas, como as do bran-

---

180. AGOSTINHO, *Super Genesim ad litteram*, IV, cap. 32: PL 34, 316.
181. AGOSTINHO, *De Trinitate*, X, cap. 12: PL 42, 984.

co e do preto; assim como se o branco e o preto fossem vistos por diversas pessoas com uma existente disposição tal que as linhas diretas desde os olhos até as coisas confluam em um só ponto, por isso seria necessário que as espécies do branco e do preto fossem levadas simultaneamente e de uma vez. Logo, com maior força de razão, o intelecto do anjo pode simultaneamente ser formado por diversas formas; e, assim, pode inteligir muitas coisas simultaneamente.

9. Além do mais, o intelecto se reduz ao ato de inteligir por espécies que tem em si. Ora, no intelecto do anjo existem simultaneamente muitas espécies, pois *a inteligência é cheia de formas*, como se diz no livro *Sobre as causas*.[182] Logo, o anjo simultaneamente intelige muitas coisas.

10. Além do mais, muitas coisas, enquanto são unas, podem (simultaneamente) ser inteligidas. Ora, todas as coisas inteligíveis são unas, enquanto são inteligíveis. Logo, todas as coisas inteligíveis podem ser simultaneamente inteligidas pelo anjo.

11. Além do mais, a essência divina dista mais das formas criadas do que uma forma criada de outra. Ora, o anjo intelige simultaneamente pela essência divina, e pela forma criada; pois como sempre vê as coisas no Verbo, a não ser que possa conhecer as coisas simultaneamente pelas espécies inatas, nunca inteligeria as coisas pelas espécies inatas. Logo, com muito maior razão pode inteligir simultaneamente por diversas formas concriadas; e, assim, pode inteligir muitas coisas simultaneamente.

12. Além do mais, se o anjo não intelige muitas coisas simultaneamente em sua ação, pela qual intelige isto e aquilo,

---

182. *Liber de causis*, prop. 10 (9).

cai no antes e no posterior. Ora, toda ação desse tipo cai sob o tempo; o que é contra isto que se encontra no livro *Sobre as causas*,[183] que a inteligência é uma coisa cuja substância e operação estão acima do tempo.

13. Além do mais, por isto, nosso intelecto, segundo parece, não pode inteligir simultaneamente muitas coisas, porque inteligir pelo contínuo e pelo tempo. Ora, isso não convém ao intelecto angélico, pois não recebe das coisas sensíveis. Logo, pode inteligir simultaneamente muitas coisas.

14. Além do mais, as formas do intelecto, por serem perfeições segundas, são formas acidentais. Ora, as formas acidentais que não são contrárias podem estar no mesmo sujeito, como a brancura e a doçura. Logo, também o intelecto do anjo pode ser informado simultaneamente por diversas formas, pois não são contrárias, e dessa maneira inteligir simultaneamente muitas coisas.

15. Além do mais, a música e a gramática são formas em um único gênero, e simultaneamente por elas é informada a alma de quem tem o hábito de ambas. Logo, também o intelecto pode ser formado por diversas formas; e, assim, o mesmo que antes.

16. Além do mais, o intelecto do anjo inteligir que ele mesmo inteligir e, assim, por consequência, inteligir que ele mesmo inteligir algo que está fora do mesmo. Logo, simultaneamente inteligir ele mesmo e outra coisa; e, assim, inteligir muitas coisas simultaneamente.

---

183. *Liber de causis*, comm. 7 (6).

17. Além do mais, o intelecto do anjo, quanto é em si, comporta-se de modo igual com todas as formas existentes no mesmo. Logo, ou intelige simultaneamente por todas as coisas, ou por nenhuma. Ora, não por nenhuma. Logo, intelige simultaneamente por todas as coisas; e, assim, conhece muitas coisas simultaneamente.

Ao contrário

1. É o que diz o Filósofo[184] que *inteligir é uma só coisa, porém saber* é muitas.

2. Além do mais, para isto que algo seja considerado, é requerida uma intenção, como diz Agostinho.[185] Ora, a intenção, por ser certo movimento, não pode ser levada simultaneamente às diversas coisas, porque um só movimento não é senão de um término para o qual. Logo, o anjo não pode inteligir simultaneamente muitas coisas.

3. Além do mais, assim como o corpo é configurado pela figura, assim o intelecto é configurado por sua espécie que intelige em ato, como diz Algazel.[186] Ora, um só corpo não pode simultaneamente ser configurado por diversas figuras. Logo, um só intelecto não pode ser formado simultaneamente por diversas espécies; e, assim, não pode inteligir simultaneamente muitas coisas.

---

184. ARISTÓTELES, *Topica*, II, c. 10, 114b34. [*Tópicos*, presente em *Órganon*, obra publicada em *Clássicos Edipro*. (N.E.)]
185. AGOSTINHO, *De Trinitate*, XI, c. 3 e 4: PL 42, 988-990.
186. ALGAZEL, *Metaphysica*, p. I, tr. 3, sent. 4 [ed. Muckle. Toronto: 1933, p. 68].

4. Além do mais, assim como inteligindo as coisas na própria natureza, intelige-as por formas distintas; assim inteligindo as coisas no Verbo, intelige-as por razões distintas. Logo, nem na própria natureza, nem no Verbo, pode inteligir simultaneamente muitas coisas.

5. Além do mais, a potência da coisa não excede a sua substância. Ora, a substância do anjo não pode ser simultaneamente em muitos lugares. Logo, nem segundo a potência intelectiva pode inteligir muitas coisas.

6. Além do mais, aquilo que se estende a muitas coisas tem certa composição. Ora, o intelecto do anjo é simples. Logo, não pode se estender à intelecção de muitas coisas simultaneamente.

Respondo

Respondo dizendo que tudo que o intelecto intelige o intelige por alguma forma; e, por isso, pelas formas do intelecto, pelas quais intelige, é necessário considerar se o anjo pode simultaneamente inteligir muitas coisas.

Portanto, deve-se saber que algumas das formas são de um só gênero; porém outras são de gêneros diversos. De fato, as formas que são de diversos gêneros se referem a diversas potências; pois a unidade do gênero procede da unidade da matéria ou da potência, segundo o Filósofo.[187] Por isso, é possível que um mesmo sujeito seja simultaneamente aperfeiçoado por diversas formas de diversos gêneros: porque, então, uma só potência não seria determinada a diversos atos, mas diversas; assim como se um corpo fosse simultaneamente branco e doce, a brancura estaria nele segundo que participa da natureza do diáfano, porém a

---

187. ARISTÓTELES, *Metaphysica*, V, c. 7, 1016a24.

doçura segundo a natureza do úmido. Ora, as formas que são de um só gênero se referem a uma só potência; ou sendo contrárias, como a brancura e a pretidão; ou não, como o triângulo e o quadrado. Portanto, essas formas são ditas que estão no sujeito de triplo modo. De um modo, apenas em potência; e, assim, são simultaneamente, porque uma só potência é dos contrários, e das diversas formas de um único gênero. De outro modo, segundo que estão em ato imperfeito, como quando estão no fazer-se; e, assim, também podem ser simultaneamente, como é claro quando alguém está se embranquecendo: então, pois em todo o tempo da alteração está presente a brancura como no fazer-se, porém a pretidão como no corromper-se. De um terceiro modo, como no ato perfeito, como quando a brancura está no término do embranquecimento; e, assim, é impossível que duas formas do mesmo gênero estejam simultaneamente no mesmo sujeito. Com efeito, seria necessário que a mesma potência fosse determinada a diversos atos: o que é impossível, como também uma linha desde uma parte ser determinada a diversos pontos.

Portanto, deve-se saber que todas as formas inteligíveis são de um só gênero, por mais que as coisas às quais pertençam sejam de diversos gêneros. Com efeito, todos se relacionam com a mesma potência intelectiva. E, por isso, em potência, todas as coisas podem simultaneamente estar no intelecto e, de modo semelhante, em ato incompleto, que é intermediário entre a potência e o ato perfeito. E é por isso que as espécies estão no hábito, que é intermediário entre a potência e operação; mas o intelecto não pode estar simultaneamente no ato perfeito de muitas espécies. Contudo, para isso que em ato inteligie, é necessário que esteja em ato perfeito com relação a essa espécie segundo que inteligie; e, por isso, é impossível que simultaneamente e de uma vez inteligia segundo as diversas formas em ato. Portanto, não pode inteligir simultaneamente todas as coisas diversas que inteligie com formas diversas; porém inteligie simultaneamente aquelas coisas que inteligie pela mesma forma. Por isso, inteligie simultaneamente todas as coisas que inteligie por uma única essência do Verbo; porém as coisas que intelige por formas inatas, que são muitas, não intelige simultaneamente, se se intelige com diversas formas. Com efeito, qualquer anjo intelige muitas coisas com a mesma forma, ao menos todas as coisas singulares de uma só espécie por uma única forma da espécie. Ora, os anjos superiores podem inteligir com uma só espécie mais coisas do que os inferiores; por isso são mais capazes de inteligir muitas coisas simultaneamente.

No entanto, deve-se saber que algo é uno de certo modo, e muitos de outro modo; como o contínuo é uno em ato e muitos em potência. E em tal intelecto, ou sentido, se é tomado enquanto é uno, é visto simultaneamente; porém, se enquanto é muitos, que é considerar cada parte segundo si, assim não pode ser visto simultaneamente. E, assim, também o intelecto, quando considera a proposição, considera muitas coisas como uma; e, por isso, enquanto são uma, são inteligidas simultaneamente, então se intelige uma proposição que consta delas; mas enquanto são muitas, não podem ser inteligidas simultaneamente, a saber, enquanto o intelecto se converte simultaneamente ao intuir as razões dos singulares segundo si. Por isso, o Filósofo diz no livro VI da *Metafísica*,[188] *digo, porém,* que se entende uma afirmação ou uma negação, *de modo simultâneo e separado, não como algo sucessivo, mas como uma só coisa.* Com efeito, não se entendem simultaneamente enquanto têm ordem de distinção entre si, mas enquanto se unem em uma só proposição.

Respostas aos argumentos

1. Respondo, portanto, dizendo que Agostinho fala do conhecimento bem-aventurado, pelo qual conhecemos todas as coisas no Verbo.

---

188. ARISTÓTELES, *Metaphysica*, VI, c. 4, 1027b24.

2. Respondo dizendo que o anjo, conhecendo que o homem não é uma pedra, conhece muitas coisas e uma, como é claro pelo dito.

3. Respondo dizendo, de modo semelhante, ao terceiro.

4. Respondo dizendo que é da natureza da mente angélica que por uma só forma possa inteligir muitas coisas; e, assim, quando quiser, convertendo-se a essa espécie, pode inteligir simultaneamente todas as coisas que conhece por essa espécie.

5. Respondo dizendo que nada do intelecto está no inteligível; mas algo do que se intelige está no intelecto; e, assim, não é a mesma razão pela qual muitas coisas são inteligidas simultaneamente por um só intelecto, e pela qual uma só coisa é inteligida simultaneamente por muitos intelectos.

6. Respondo dizendo que, assim como Agostinho expõe no livro XIV do *Sobre a Trindade*,[189] isto que disse no livro X, que *a nossa mente sempre tem memória de si mesma, intelige a si e quer a si mesma*, deve ser referido à memória interior. Por isso, nossa alma nem sempre intelige a si mesma atualmente; mas a mente do anjo intelige sempre a si mesma atualmente: e isso ocorre porque a mente do anjo intelige a si mesma por sua essência, pela qual sempre é informada, porém a nossa mente talvez intelija de algum modo por intenção. Ora, quando intelige a si mesma e outra coisa, a mente do anjo não intelige simultaneamente muitas coisas a não ser enquanto uma; o que está claro desta maneira. Com efeito, se certas coisas se relacionam de tal maneira que uma seja a razão de inteligir outra coisa, uma delas será como formal e outra como material; e, assim, essas

---

189. AGOSTINHO, *De Trinitate*, XIV, c. 6: PL 42, 1042.

coisas são um só inteligível, pois da forma e da matéria se constitui uma só coisa. Por isso, o intelecto, quando intelige algo por outro, intelige uma só coisa inteligível, como é claro na visão: pois a luz é aquilo pelo qual se vê a cor, por isso se relaciona com a cor como formal; e, assim, a cor e a luz são uma só coisa visível, e são vistas simultaneamente pela visão. No entanto, a essência do anjo é para ele a razão pela qual conhece todas as coisas, ainda que não seja perfeita, porque necessita de formas acrescentadas, pois conhece todas as coisas por modo de sua substância, como se diz no livro *Sobre as causas*,[190] e segundo a própria capacidade e natureza, como diz Dionísio no capítulo VII do *Sobre os nomes divinos*.[191] Por isso, quando intelige a si e outras coisas, não intelige simultaneamente muitas coisas a não ser como uma.

7. Respondo dizendo que a ciência nomeia um hábito, porém inteligir nomeia um ato. Contudo, podem existir muitas formas simultaneamente no intelecto enquanto hábito, não, porém, enquanto ato perfeito, como é claro pelo dito; e, por isso, ocorre simultaneamente saber muitas coisas, não, porém, inteligir simultaneamente muitas coisas.

8. Respondo dizendo que essas formas não estão no ar senão como no fazer-se: pois estão nele como no meio que defere.

9. Respondo dizendo que muitas espécies estão simultaneamente no intelecto do anjo, mas não como no ato perfeito.

10. Respondo dizendo que, assim como todas as coisas são uma enquanto são inteligíveis, assim são simultaneamente inteligidas enquanto são inteligíveis; e isso é enquanto se intelige a inteligibilidade mesma.

---

190. *Liber de causis*, comm. 8 (7).
191. PSEUDO-DIONÍSIO, *De divinis nominibus*, VII, § 2: PG 3, 869 C.

11. Respondo dizendo que a essência divina é para o anjo a razão de todas as formas concriadas, pois são derivadas dela enquanto exemplares. Contudo, uma forma não é razão de outra; e, por isso, não é semelhante.

12. Respondo dizendo que essa operação por si cai sob o tempo, que se refere a algo no futuro, para isso que suas espécies se completam; como é claro com relação ao movimento, que não tem espécie completa até que não seja levado a seu término: pois não é o mesmo em espécie o movimento até o meio e até o término. Ora, as operações que têm imediatamente sua espécie completa não são medidas pelo tempo, a não ser por acidente, como inteligir, sentir e coisas semelhantes; por isso o Filósofo diz no livro X da *Ética*,[192] que o deleitar-se não está no tempo. No entanto, por acidente, tais operações podem estar no tempo, enquanto estão unidas aos movimentos existentes em uma natureza sujeita ao tempo, que é uma natureza corpórea gerável e corruptível, pela qual se utilizam como órgão as potências sensitivas, pelas quais também nosso intelecto recebe. Por isso, é claro que o mesmo inteligir do anjo nem por si, nem por acidente, cai sob o tempo. Por isso, em uma só operação sua pela qual intelige um só inteligível, não há um antes e um posterior. Mas isso não impede que muitas operações possam ser ordenadas segundo um antes e um posterior.

13. Respondo dizendo que essa não é a razão toda pela qual nosso intelecto possível não pode simultaneamente inteligir muitas coisas, das quais a objeção trata, mas o que foi dito anteriormente.

---

192. ARISTÓTELES, *Ethica Nicomachea*, X, c. 5, 1174b8.

14. Respondo dizendo que as formas acidentais não contrárias podem estar simultaneamente no mesmo objeto, se se referem às diversas potências; porém não, se são de um só gênero e se referem à mesma potência, como é claro com o triângulo e o quadrado.

15. Respondo dizendo que a música e a gramática, por serem hábitos, não são atos completos, mas certas formas intermediárias entre a potência e o ato.

16. Respondo dizendo que o que intelige e o inteligido em ato são de certo modo uno; por isso, quando alguém intelige que ele mesmo intelige algo, intelige muitas coisas como uma.

17. Respondo dizendo que o intelecto do anjo não se relaciona, de modo semelhante, com todas as formas pelas quais tem em si; porque, às vezes, está em ato perfeito de uma só forma, e não de outras; e isso é por vontade, que reduz o intelecto de tal potência ao ato. Por isso, também Agostinho diz que, quando quer, intelige, como é claro na autoridade antes induzida.

Respostas ao contrário

1. Respondo, de fato, sobre o que está no argumento em contrário, que acontece que se intelige simultaneamente uma coisa só como uma e por uma só forma; porém nada impede que se inteliam simultaneamente muitas coisas como uma, ou por uma só forma.

2. Respondo dizendo que a quantidade virtual se toma segundo a comparação da capacidade relativa aos objetos. Por isso, como o corpo por quantidade dimensiva pode por suas diversas partes tratar diversas coisas, assim também a capacidade pode aplicar-se segundo diversas comparações com as diversas coisas, de modo que seja capacidade perfeita em ato; como o fogo aquece simultaneamente e por todas as partes os diversos corpos. E dessa maneira também o intelecto perfeito pela forma pode se dirigir a diversas coisas, às quais se estende a representação dessa forma; e existirão muitas intenções por parte disso no qual o intelecto se dirige, mas uma só espécie por parte da unidade do intelecto e da forma.

3. Respondo dizendo que o intelecto não intelige simultaneamente muitas coisas se para inteligi-las for requerido que o intelecto se configure com diversas formas.

4. Respondo dizendo que as razões ideais não diferem senão segundo as diversas relações; por isso todas são uma por essência: o que não se dá em relação às formas concriadas com o anjo.

5. Respondo dizendo que, quando se diz que a potência não excede a substância, não se deve entender de maneira que nada que convenha à potência não convenha à substância, mas que a eficácia da potência é segundo o modo da substância; de modo que se a substância fosse material, também a potência agiria materialmente.

6. Respondo dizendo que quanto mais simples é algo, tanto mais são as coisas às quais se estende com a potência, mas a quantidade dimensiva se estende a poucas coisas; e, assim, a extensão da quantidade dimensiva indica a composição, porém a extensão da potência indica a simplicidade.

Artigo 15
Décimo quinto, pergunta-se se os anjos conhecem as coisas discorrendo de uma coisa a outra[193]

E parece que sim.

---

193. Lugares paralelos: *De ver*. q. 15, a. 1; *Sum. Th.* I, q. 58, a. 3 e q. 79, a. 8; ibid., q. 85, a. 5.

Argumentos

1. Todo aquele que conhece uma coisa por outra conhece discorrendo. Ora, os anjos conhecem uma coisa por outro, enquanto intuem as criaturas no Verbo. Logo, também conhecem as coisas discorrendo.

2. Além do mais, assim como nós conhecemos certas coisas e ignoramos outras, assim também ocorre com os anjos, como é claro pelo dito anteriormente. Ora, nós podemos a partir de coisas conhecidas chegar a outras desconhecidas. Portanto, como os anjos são de um intelecto mais elevado do que nós, parece que eles podem chegar a partir dessas coisas que conhecem ao conhecimento das coisas que ignoram. Contudo, isso é discorrer. Logo, eles mesmos discorrem de uma coisa a outra.

3. Além do mais, na operação do intelecto não pode se aplicar outro movimento senão segundo que discorre de uma coisa a outra. Ora, os anjos, ao inteligir, movem-se; por isso diz

Dionísio, no capítulo IV do *Sobre os nomes divinos*,[194] que *os anjos se movem acerca do bem e do belo de modo circular, oblíquo e reto, como também as almas*. Logo, assim como as almas discorrem inteligindo, assim também ocorre com os anjos.

4. Além do mais, assim como diz Agostinho no livro *Sobre as adivinhações dos demônios*,[195] os demônios conhecem os pensamentos dos corações pelos movimentos que aparecem no corpo. Contudo, isso é conhecer a causa pelo efeito, porém, isso também é discorrer de uma coisa a outra. Logo, os demônios conhecem as coisas discorrendo de uma coisa a outra; e pela mesma razão os anjos, pois o conhecimento natural é o mesmo neles.

5. Além do mais, Máximo diz, no capítulo VII da *Exposição sobre os nomes divinos*,[196] que *nossas almas, de modo igual aos anjos, envolvem muitas coisas em uma só*. Ora, envolver muitas coisas em uma só é por colação. Logo, os anjos conhecem discursando.

6. Além do mais, os anjos conhecem as causas e os efeitos naturais de maneira perfeitamente como também nós. Ora, nós vemos os efeitos nas causas, e nos efeitos vemos as causas. Logo, também os anjos; e desse modo como nós discorremos, assim também ocorre com eles.

7. Além do mais, todo conhecimento recebido pela experiência é um conhecimento por comparação, porque está no experimento: *de muitas coisas singulares se toma uma acepção co-*

---

194. PSEUDO-DIONÍSIO, *De divinis nominibus*, cap. 4, § 8: PG 3, 704 D.
195. AGOSTINHO, *De divinatione Daemonum*, cap. 5: PL 40, 586.
196. MÁXIMO, *Scholia*, cap. 7, § 2: PG 4, 345 D.

mum, como se diz no livro I da *Metafísica*.[197] Ora, os demônios conhecem muitas coisas com relação aos efeitos naturais pela experiência de longo tempo, como diz Agostinho no livro *Sobre as adivinhações dos demônios*,[198] e no livro II do *Comentário literal ao Gênesis*.[199] Logo, neles há conhecimento colativo.

Ao contrário

1. Todo discurso ou é do universal às coisas particulares, ou é das coisas particulares às universais, porque toda razão se reduz ao silogismo e à indução. Ora, como diz Dionísio, no capítulo VII do *Sobre os nomes divinos*,[200] os anjos *não adquirem o conhecimento das coisas divinas a partir das coisas divisíveis ou dos sentidos, nem são levados simultaneamente a partir de algo comum a essas coisas particulares*. Logo, neles não há discurso algum.

2. Além do mais, o homem se diz racional segundo isto, porque discorre investigando. Ora, o anjo não se diz racional, mas intelectual, como é claro por Dionísio, no capítulo IV de *A hierarquia celeste*.[201] Logo, os anjos não conhecem discorrendo.

3. Além do mais, como se diz no livro *Sobre o espírito e a alma*,[202] *o raciocínio é a investigação da razão*. Ora, nos anjos não há razão, porque a razão se estabelece na definição da alma como

---

197. ARISTÓTELES, *Metaphysica*, I, c. 1, 981a5.
198. AGOSTINHO, *De divinatione Daemonum*, cap. 5: PL 40, 584.
199. AGOSTINHO, *Super Genesim ad litteram*, II, c. 17: PL 34, 278.
200. PSEUDO-DIONÍSIO, *De divinis nominibus*, VII, § 2: PG 3, 868 B.
201. PSEUDO-DIONÍSIO, *De caelesti hierarchia*, IV, § 1: PG 3, 177 D.
202. PSEUDO-AGOSTINHO, *De spiritu et anima*, cap. 1: PL 40, 781.

seu próprio, como é claro no mesmo livro.²⁰³ Logo, o anjo não realiza raciocínios e, assim, não discorre.

4. Além do mais, diz-se no mesmo livro²⁰⁴ que *é do mesmo conhecer as razões das coisas visíveis e investigar as invisíveis*. Contudo, o primeiro é do homem enquanto tem sentido. Logo, também o segundo. E, assim, não parece convir ao anjo, que carece dos sentidos.

5. Além do mais, o comentador Máximo diz, sobre o capítulo VII do *Sobre os nomes divinos*,²⁰⁵ que *os anjos não dão voltas sobre uma variedade de coisas existentes como fazem as nossas almas*. Ora, segundo isso, diz-se que as almas dão voltas em torno da variedade das coisas existentes, que discorrem de uma a outra. Logo, os anjos não discorrem inteligindo.

Respondo

Respondo dizendo que discorrer propriamente é ir de uma coisa ao conhecimento de outra. Contudo, conhecer algo em algo difere de conhecer algo a partir de algo. Com efeito, quando algo é conhecido em algo, o cognoscente se dirige a ambos com um só movimento, como é claro quando algo é conhecido em algo como na forma cognoscível: e tal conhecimento não é discursivo. Nem difere quanto a isto, se uma coisa é vista em sua própria espécie ou em outra espécie. Pois a visão não se diz discorrendo nem quando vê a pedra por espécie recebida da pedra, nem quando vê a pedra por sua espécie que reflete em um espelho. Ora, então, diz-se que uma coisa se conhece a partir

---

203. PSEUDO-AGOSTINHO, *De spiritu et anima*, cap. 13: PL 40, 789.
204. PSEUDO-AGOSTINHO, *De spiritu et anima*, cap. 12: PL 40, 788.
205. MÁXIMO, *Scholia*, cap. 7, § 2: PG 4, 345 C.

de outra quando não é o mesmo o movimento até ambas; mas primeiramente o intelecto se move até uma coisa, e por isso se move até outra; então aqui há certo discurso, como é claro nas demonstrações. Com efeito, o intelecto se dirige primeiramente apenas aos princípios, e secundariamente pelos princípios se dirige às conclusões.

No entanto, desde sua criação, o intelecto do anjo é perfeito por formas inatas com relação a todo o conhecimento natural, ao qual a potência intelectiva se estende; assim como também a matéria dos corpos celestes é totalmente terminada pela forma, de maneira que não permanece em potência para outra forma; e por isso se diz no livro *Sobre as causas*,[206] *que a inteligência é plena de formas*. Com efeito, não seria plena a não ser que toda a sua potência fosse determinada por essas formas; por isso nada das coisas que pode conhecer de modo natural lhe é ignorado. Mas nosso intelecto, que participa de modo defectivo da luz intelectual, não é completo com relação a todas as coisas cognoscíveis que pode conhecer naturalmente; mas é perfectível. Nem pode reduzir por si mesmo da potência ao ato a não ser que seu conhecimento fosse, por natureza, completo quanto a certas coisas. Por isso é necessário que em nosso intelecto haja algumas coisas que o intelecto conheça naturalmente, a saber, os primeiros princípios, ainda que também esse conhecimento em nós não esteja determinado a não ser por recepção a partir dos sentidos. Por isso, como nosso intelecto se relaciona com esses princípios, assim se relaciona o anjo com todas as coisas que conhece naturalmente. E como o conhecimento dos princípios em nós está no altíssimo de nossa ciência, é claro que no supremo de nossa natureza atingimos de certo modo o ínfimo da natureza angélica. Com efeito, como diz Dionísio, no capítulo VII

---

206. *Liber de causis*, prop. 10 (9).

do *Sobre os nomes divinos*,[207] *a sabedoria divina une os fins dos primeiros princípios com os princípios dos segundos*. Por isso, como nós conhecemos os princípios sem discurso com uma simples intuição, assim também os anjos conhecem todas as coisas que conhecem; por isso também são ditos intelectuais; e o hábito dos princípios em nós se diz intelecto.

Respostas aos argumentos

1. Respondo, portanto, dizendo que os anjos conhecem as criaturas no Verbo, assim como uma coisa é conhecida em sua similitude sem qualquer discurso.

2. Respondo dizendo que os anjos não ignoram algo das coisas que podem alcançar por conhecimento natural; mas ignoram algumas coisas que excedem o conhecimento natural; e ao conhecimento dessas coisas não podem chegar por si mesmos discorrendo, mas apenas por revelação divina. Nosso intelecto, porém, não conhece todas as coisas que pode conhecer de modo natural, e, por isso, a partir dessas coisas que conhece pode chegar às coisas ignoradas; porém não às coisas ignoradas que excedem o conhecimento natural, como as coisas que são da fé.

3. Respondo dizendo que o movimento do qual fala Dionísio não se toma como o trânsito de uma coisa a outra, mas deste modo pelo qual toda operação se diz movimento, como inteligir e sentir são certos movimentos. E, assim, Dionísio distingue três tipos de movimento nos anjos e nas almas, quanto ao conhecimento divino: a saber, o circular, oblíquo e reto, segundo esta similitude. Com efeito, o movimento circular é totalmente uniforme, tanto por causa da equidistância de todas as partes do

---

207. PSEUDO-DIONÍSIO, *De divinis nominibus*, VII, § 3: PG 3, 872 B.

círculo ao centro, quanto por isto que no movimento circular não se deve assinalar o princípio e o fim de uma parte mais do que de outra. Contudo, o movimento reto é deforme tanto por propriedade da linha (como as partes não distam igualmente de um ponto assinalado), quanto por parte do movimento que tem princípio e fim assinalado. No entanto, o movimento oblíquo tem algo de uniformidade, segundo que convém com o movimento circular, e algo de deformidade, segundo que convém com o movimento reto. Contudo, não é o mesmo movimento de uniformidade e deformidade no anjo e na alma; por isso distingue de modos diferentes esses movimentos em ambos. Com efeito, o anjo no mesmo ato de conhecimento divino não se estende a diversas coisas, mas se fixa no mesmo e uno Deus; e segundo isso se diz que se move com relação a Deus como no movimento circular, não chegando ao mesmo como no fim do conhecimento a partir de algum princípio do conhecimento, como o círculo não tem princípio nem fim. E por isso diz que *os anjos se movem de modo circular, unido, sem princípios e com iluminações intermináveis de belo e de bem*;[208] de modo que entendamos as mesmas iluminações divinas que chegam às mentes angélicas, como as linhas que chegam do centro até a circunferência, pelas quais de certo modo a substância da circunferência se constitui; de modo tal que o conhecimento de Deus que tem de si mesmo se compara ao centro; porém o conhecimento que o anjo tem de si mesmo se compara ao círculo, que imita a unidade do centro, mas é débil com relação a ela. Mas a deformidade no anjo com relação ao conhecimento divino não se encontra quanto ao mesmo conhecimento, mas só quanto à comunicação do conhecimento, segundo que ele entrega a diversos o conhecimento divino; e quanto a isso expõe o movimento reto nos anjos; por isso diz que *se movem de modo reto, quando pro-*

---

208. PSEUDO-DIONÍSIO, *De divinis nominibus*, cap. 4, § 8: PG 3, 704 D.

cedem para a providência das coisas sujeitas passando de maneira reta por todas as coisas.[209] De fato, expõe o movimento oblíquo como composto de ambos: a saber, enquanto os mesmos, permanecendo na unidade do conhecimento divino, saem pela ação levando os outros a Deus; por isso diz que se movem *de modo oblíquo, quando proveem os que têm menos, permanecendo na identidade, sem sair dela, acerca da causa da identidade.*[210]

Mas na alma, também, encontram-se a uniformidade e deformidade quanto ao mesmo conhecimento divino. Com efeito, a alma se move até Deus de três modos. De um modo, contemplando as coisas visíveis *que são feitas, a alma considera as coisas invisíveis de Deus*;[211] e esse modo é reto. Por isso diz que *a alma se move diretamente quando se dirige até as coisas que estão em torno dela, e a partir das coisas exteriores, como de uns certos signos variados e múltiplos, eleva-se até simples e unificadas contemplações.*[212] De outro modo, move-se até Deus a partir das iluminações recebidas de Deus; que, porém, recebe, segundo seu modo, veladas por figuras sensíveis, como Isaías[213] viu *o Senhor sentado sobre um trono alto e elevado,* e esse movimento é oblíquo, tendo algo de uniformidade por parte da iluminação divina, e algo de deformidade por parte das figuras sensíveis. Por isso diz que *a alma se move obliquamente enquanto é iluminada pelos conhecimentos divinos segundo sua propriedade, não de modo intelectual e singular, mas de modo racional e difuso.*[214] De um terceiro modo, é quando a alma afasta de si todas as coisas sensíveis, pensando acima de todas as coisas e também acima de si mesma; e, assim, se separa de toda deformidade; por isso

---

209. PSEUDO-DIONÍSIO, *De divinis nominibus*, cap. 4, § 8: PG 3, 704 D.
210. PSEUDO-DIONÍSIO, *De divinis nominibus*, cap. 4, § 8: PG 3, 704 D.
211. Rm 1, 20. Optamos por não seguir a tradução da Bíblia de Jerusalém, por maior coerência ao argumento proposto.
212. PSEUDO-DIONÍSIO, *De divinis nominibus*, cap. 4, § 9: PG 3, 705 B.
213. Is 6,1.
214. PSEUDO-DIONÍSIO, *De divinis nominibus*, cap. 4, § 9: PG 3, 705 A-B.

é movimento circular. Por isso, diz que *o movimento circular da alma é a entrada em si mesma desde as coisas exteriores e a reunião de suas virtudes intelectuais; então isso já é feito uniforme e se une com as virtudes unidas*[215] e, assim, é conduzida àquilo que está acima de todas as coisas.

4. Respondo dizendo que os anjos intuem as coisas escondidas do coração no movimento do corpo, assim como as causas são vistas nas similitudes de seus efeitos, sem discurso algum. Não necessitam de colação alguma para isto que percebem esses movimentos de algo novo; pois, imediatamente que as coisas sensíveis são feitas, são semelhantes às formas dos anjos e, assim, são conhecidas pelos anjos. E, dessa maneira, sem discurso, os anjos conhecem as coisas sensíveis feitas de algo novo.

5. Respondo dizendo que essa envoltura não significa colação, mas antes certa unificação circular da alma e do próprio anjo.

6. Respondo dizendo que eles veem as causas nos efeitos, e os efeitos nas causas, não como discorrendo de uma a outra, mas como uma coisa é vista em sua imagem sem discurso.

7. Respondo dizendo que o conhecimento experimental nos demônios não se realiza por colação, mas segundo que veem os efeitos nas causas, ou as causas nos efeitos, pelo modo já dito; e quanto mais duram no tempo, tanto mais conhecem o número de efeitos de alguma causa. E, assim, de certo modo, têm um maior conhecimento da mesma causa, não, de fato, de modo intensivo, mas extensivo, segundo que veem sua virtude e muitos efeitos.

---

215. PSEUDO-DIONÍSIO, *De divinis nominibus*, cap. 4, § 9: PG 3, 705 A.

Artigo 16
Décimo sexto, pergunta-se se nos anjos os conhecimentos matutino e vespertino devem ser distintos[216]

E parece que não.

---

216. Lugares paralelos: *Super Sent.* II, d. 12, a. 3; *De pot.,* q. 4, a. 2; *Super Eph.*, cap. 3, l. 3; *Sum. Th.* I, q. 58, a. 6 e 7; ibid., q. 62, a. 1, ad 3 e q. 64, a. 1, ad 3.

Argumentos

1. A tarde e a manhã do dia estão misturadas de trevas. Ora, no intelecto do anjo não há trevas alguma, pois são espelhos claríssimos, como diz Dionísio.[217] Logo, nos anjos não devem ser distintos os conhecimentos matutino e vespertino.

2. Além do mais, o conhecimento matutino, segundo Agostinho, no livro IV do *Comentário literal ao Gênesis*,[218] diz-se pelo qual os anjos conhecem as coisas que serão feitas no Verbo; porém o conhecimento vespertino pelo qual conhecem as coisas na própria natureza. Ora, não conhecem de uma maneira as coisas antes de existirem e de outra maneira depois de existirem, pois têm um intelecto deiforme, e não recebem o conhecimento a partir das coisas. Logo, neles não devem ser distintos um conhecimento matutino e outro vespertino.

---

217. PSEUDO-DIONÍSIO, *De divinis nominibus*, cap. 4, § 22: PG 3, 724 B.
218. AGOSTINHO, *Super Genesim ad litteram*, IV, cap. 22: PL 34, 312.

3. Além do mais, o conhecimento vespertino é aquilo pelo qual as coisas são conhecidas na própria natureza. Ora, as coisas, no Verbo, se conhecem na natureza própria; pois o Verbo representa a natureza própria da coisa mais expressivamente inclusive do que as formas mesmas. Portanto, como o conhecimento matutino é um conhecimento no Verbo, parece que o conhecimento vespertino não se distingue do conhecimento matutino nos anjos.

4. Além do mais, diz-se em Gn 1,5 que *houve uma tarde e uma manhã: primeiro dia*. Ora, ali dia se toma como o conhecimento mesmo do anjo, conforme diz Agostinho no livro IV do *Comentário literal ao Gênesis*.[219] Logo, nos anjos, o conhecimento matutino e o vespertino são uno e o mesmo conhecimento.

5. Além do mais, a luz matutina cresce ao meio-dia. Ora, o conhecimento que é das coisas no Verbo não pode crescer em outro conhecimento que seja mais amplo. Logo, o conhecimento das coisas no Verbo não se pode dizer propriamente matutino; e, assim, não se distingue nos anjos um conhecimento matutino e vespertino por isso que as coisas são conhecidas no Verbo e na própria natureza.

6. Além do mais, o conhecimento de uma coisa que será feita é anterior à coisa feita. Ora, o conhecimento vespertino precede o matutino, como é claro em Gn 1,5: *houve uma tarde e uma manhã: primeiro dia*. Logo, o conhecimento matutino não se distingue convenientemente do vespertino, de modo que o conhecimento vespertino seja o conhecimento da coisa já feita, porém o conhecimento matutino de uma coisa que será feita.

---

219. AGOSTINHO, *Super Genesim ad litteram*, IV, cap. 22: PL 34, 312.

7. Além do mais, Agostinho[220] compara o conhecimento das coisas no Verbo e na própria natureza ao conhecimento da arte e da obra, e ao conhecimento de uma linha que é inteligida, e é escrita na poeira. Ora, isso não padece diversos gêneros de conhecimento. Logo, nem o conhecimento das coisas no Verbo e na própria são dois conhecimentos; e, assim, os conhecimentos matutino e vespertino não se distinguem.

8. Além do mais, o anjo no princípio de sua criação, conheceu com conhecimento matutino. Contudo, não conheceu o Verbo, porque não foi criado bem-aventurado; porém ver o Verbo é ato da bem-aventurança. Logo, o conhecimento das coisas no Verbo não é conhecimento matutino; e, assim, o mesmo que antes.

9. Mas se poderia dizer que, ainda que não tivesse conhecido o Verbo por essência, porém o conheceu por alguma similitude criada; e, assim, conheceu as coisas no Verbo. – Mas, ao contrário, todo conhecimento que é pelas formas criadas é um conhecimento de sombras, porque toda criatura considerada em si mesma é treva. Ora, o conhecimento de sombras é um conhecimento vespertino. Logo, conhecer as coisas no Verbo, ou o Verbo do modo dito, seria um conhecimento não matutino, mas vespertino.

10. Além do mais, diz Agostinho[221] contra os maniqueus que *a mente forte e aguda, quando considera a verdade primeira, esquece-se das outras*. Logo, vendo o Verbo, não vê outra coisa no

---

220. AGOSTINHO, *De civitate Dei*, XI, c. 29: PL 41, 343.
221. AGOSTINHO, *De libero arbitrio*, II, c. 13: PL 32, 1260.

Verbo e, assim, o conhecimento matutino não se pode dizer nos anjos que é um conhecimento das coisas no Verbo.

11. Além do mais, o conhecimento matutino é mais claro do que o vespertino. Ora, o conhecimento das coisas no Verbo é menos claro do que o conhecimento das coisas na própria natureza, porque as coisas no Verbo são segundo algo, porém na própria natureza são absolutamente. No entanto, conhece-se melhor algo onde está absolutamente do que onde está segundo algo. Logo, desse modo não se pode distinguir que o conhecimento das coisas no Verbo se diga matutino, porém no próprio gênero se diga vespertino.

12. Além do mais, o conhecimento que é das coisas próprias e imediatas é mais perfeito do que o que é por causa comum. Ora, Deus é causa comum de todas as coisas. Logo, esse conhecimento pelo qual as coisas se conhecem no Verbo é mais imperfeito do que aquele pelo qual se conhecem na própria natureza.

13. Além do mais, as coisas se conhecem no Verbo como em certo espelho. Ora, as coisas se conhecem mais perfeitamente em si mesmas do que em um espelho. Logo, também se conhecem mais perfeitamente na própria natureza do que no Verbo; e, assim, o mesmo que antes.

Ao contrário

Ao contrário, Agostinho distingue esses conhecimentos desse modo dito, nos livros IV e V do *Comentário literal ao Gênesis*.[222]

---

222. AGOSTINHO, *Super Genesim ad litteram*, IV, c. 22 e V, c. 18: PL 34, 311 e 334.

Respondo

Respondo dizendo que isso que se diz do conhecimento matutino e vespertino dos anjos foi introduzido por Agostinho pela necessidade de poder sustentar as coisas que são lidas que foram feitas nos seis primeiros dias, sem haver completa sucessão dos tempos; por isso pretende que esses dias não se entendam como distinções de tempo, mas como conhecimento dos anjos. Com efeito, assim como a apresentação da luz corporal sobre essas coisas inferiores produz o dia temporal, assim a apresentação ou comparação da luz do intelecto angélico até as coisas criadas produz o dia espiritual. E, segundo isso, muitos dias são distintos, pois o intelecto do anjo se compara a diversos gêneros de coisas que serão conhecidas, de modo tal que a ordem dos dias não seja uma ordem temporal, mas uma ordem da natureza, que se toma no conhecimento do anjo segundo a ordem dos conhecimentos entre si, enquanto uma coisa é anterior a outra por natureza. Contudo, assim como no dia temporal a manhã é o princípio do dia, porém a tarde o fim, assim no conhecimento do anjo com relação à mesma coisa se deve considerar o princípio e o fim, segundo a ordem da coisa conhecida. No entanto, o princípio de qualquer coisa está em sua causa pela qual flui; porém o término de seu ser está na coisa mesma na qual termina a ação de causa que a produz. Por isso, o primitivo conhecimento de uma coisa se dá segundo que se considera em sua causa, que é o Verbo eterno; por isso o conhecimento das coisas no Verbo se diz conhecimento matutino. Contudo, o último conhecimento da coisa se dá segundo que se conhece em si mesma; e tal conhecimento se diz vespertino.

Ora, deve-se saber que essa distinção pode ser entendida de dois modos. De um modo, por parte da coisa conhecida; de outro modo, por parte do meio do conhecer. De fato, por parte da coisa conhecida, como se dissesse que uma coisa se conhece no Verbo, quando se conhece seu ser que tem no Verbo; porém na própria natureza, segundo que se conhece o mesmo ser da coisa, que tem em si mesma: e não é conveniente entender assim; porque o ser da coisa que tem no Verbo não é outro do que o ser do Verbo; porque, como diz Anselmo,[223] *a criatura no Criador é a essência criadora*; por isso, conhecer desse modo a criatura no Verbo não seria um conhecimento da criatura, mas antes do Criador. E, por isso, é necessário que essa distinção seja entendida por parte do meio do conhecimento; de modo que se diga que uma coisa se conhece no Verbo, quando a mesma coisa é conhecida na própria natureza pelo Verbo; porém, na própria natureza, quando é conhecida por algumas formas criadas proporcionadas às coisas criadas, como quando [o anjo] conhece por formas introduzidas nele mesmo; ou também se conhecesse por formas adquiridas, nada diferiria no que pertence a isso.

Respostas aos argumentos

1. Respondo, portanto, dizendo que não se toma similitude no conhecimento do anjo em tarde e manhã, segundo isto que tarde e manhã do dia temporal são misturadas de trevas; mas antes segundo a razão de princípio e de término, como foi dito no corpo do artigo. Ou se pode dizer que todo intelecto criado, enquanto procede do nada, é tenebroso comparado com a claridade do intelecto divino; porém tem uma mistura de luz enquanto imita o intelecto divino.

2. Respondo dizendo que, ainda que pelo Verbo conheçam do mesmo modo as coisas que serão feitas e já feitas, porém conhecem de um modo as coisas que serão feitas pelo Verbo e de outro modo as coisas feitas pela própria natureza segundo sua similitude, que tem em si; e segundo isso o conhecimento matutino se distingue do vespertino.

---

223. ANSELMO, *Monologium*, cap. 36: PL 158, 190 A.

3. Respondo dizendo que, ainda que as coisas estejam representadas de maneira mais expressiva no Verbo do que nas formas do intelecto angélico, porém, as formas do intelecto angélico são mais proporcionadas às coisas e como mais adequadas a elas; e, por isso, esse conhecimento, e não o primeiro, diz-se das coisas na própria natureza.

4. Respondo dizendo que assim como uma ciência toda compreende sob si diversas ciências particulares, pelas quais se conhecem diversas conclusões; assim também o mesmo e único conhecimento do anjo, que é como certo todo, compreende sob ele o conhecimento matutino e vespertino como de partes, assim como a manhã e a tarde são partes do dia temporal.

5. Respondo dizendo que não é necessário que as realidades espirituais sejam semelhantes às corporais quanto a todas as coisas. Portanto, por isso, o conhecimento das coisas no Verbo não se diz matutino, porque cresce em um conhecimento mais amplo, mas porque termina em um conhecimento inferior, como foi dito no corpo do artigo.

6. Respondo dizendo que o conhecimento matutino precede o vespertino em ordem da natureza com relação a uma e mesma coisa; mas com relação a diversas coisas o conhecimento vespertino do que é anterior se entende que é anterior ao conhecimento matutino do posterior, enquanto no conhecimento se toma a ordem por parte das coisas conhecidas. E, por isso, no Gênesis I, a tarde é estabelecida de manhã pela necessidade, porque a obra do primeiro dia é luz, que entende Agostinho como espiritual, que é iluminada por conversão ao Verbo. Contudo, o anjo, primeiramente, conhece a si mesmo em si mesmo com um conhecimento natural; e conhecido a si mesmo, não permanece em si mesmo, como fruindo de si mesmo e pondo o fim em si mesmo (pois, assim, se faria a noite, como os anjos que pecaram), mas refere seu conhecimento ao louvor de Deus; e, assim, a partir da contemplação de si mesmo se converte à contemplação do Verbo, em que está a manhã do dia seguinte, segundo que no Verbo recebeu o conhecimento da criatura que viria depois, a saber, do firmamento. Contudo, assim como vemos no tempo contínuo que o mesmo agora é de dois tempos, enquanto é fim do pretérito e princípio do futuro; assim o conhecimento matutino do segundo dia é o término do dia primeiro e o início do segundo dia e, assim, sucessivamente até o dia sétimo.

7. Respondo dizendo que não é o mesmo o conhecimento das coisas artificiais segundo que se conhece por forma da arte, e segundo que se conhece a partir da mesma coisa já feita. Com efeito, o primeiro conhecimento é apenas universal; porém, o segundo pode ser também particular, como quando intui uma casa feita. E, além disso, não é totalmente símile, pois a arte criada é mais proporcionada e adequada às coisas artificiais do que a arte incriada às coisas criadas.

8. Respondo dizendo que o anjo no princípio de sua criação não foi bem-aventurado, nem viu o Verbo por essência: por isso não teve conhecimento matutino, mas primeiro teve o conhecimento vespertino, e do vespertino avançou ao matutino. Por isso expressamente não se diz que o primeiro dia teve manhã, mas primeiramente tarde, e desde a tarde passou à manhã: porque essa luz espiritual, que se diz que foi feita no primeiro dia, a saber, a substância angélica, imediatamente que foi feita, conheceu a si mesma, que foi de um conhecimento vespertino; e conduziu esse conhecimento ao louvor do Verbo, no qual lhe foi feito o conhecimento matutino; e por isso se diz em Gn 1,5: *houve uma tarde e uma manhã: primeiro dia.*

9. Respondo dizendo que, como o conhecimento vespertino se distingue do matutino por parte do meio de conhecimento e não por parte da coisa conhecida, o conhecimento do Criador pela criatura é vespertino, assim como pelo contrário o conhecimento da criatura pelo Criador é matutino. Assim, quanto a isso, o argumento não procede retamente.

10. Respondo dizendo que uma mente forte atenta às coisas divinas se diz que se esquece das outras coisas, não, de fato, quanto à ciência, mas quanto à estima das coisas, porque essas coisas que nos parecem máximas nas criaturas, considerada a excelsitude divina, julgamo-las como mínimas.

11. Respondo dizendo que o conhecimento das coisas no Verbo é mais perfeito do que o conhecimento delas na própria natureza; enquanto o Verbo representa mais claramente cada coisa do que a espécie criada. Contudo, que as coisas existam em si mesmas mais verdadeiramente no Verbo pode ser entendido de dois modos. De um modo, como que tenham em si o ser de modo mais nobre que o que têm no Verbo; o que é falso: porque em si mesmas têm o ser criado, porém no Verbo têm o ser incriado: e, assim, o ser que têm em si mesmas é segundo a relação que têm no Verbo. De outro modo, de maneira que a coisa está mais perfeitamente em si mesma do que no Verbo; e isso de certo modo é verdadeiro. Com efeito, a coisa em si mesma é material, o que é da razão de algumas coisas, mas não é material no Verbo, porém há ali similitude que tem quanto à forma e à matéria. E, porém, ainda que segundo isso que é tal coisa no Verbo seja segundo algo, porém, se conhece mais perfeitamente pelo Verbo do que por si mesma, também enquanto é tal, porque também a própria razão da coisa está mais perfeitamente representada no Verbo do que em si mesma. Contudo, o conhecimento segue a representação da forma. Por isso a coisa, como não está na alma senão segundo algo, por sua similitude, é conhecida, porém, absolutamente.

12. Respondo dizendo que o mesmo Deus é causa própria e imediata de cada coisa, e de certo modo é mais íntimo a cada coisa do que a mesma é íntima para si mesma, como diz Agostinho.[224]

13. Respondo dizendo que as formas não passam do espelho às coisas, mas o inverso; porém passam do Verbo às coisas; por isso não há similitude do conhecimento das coisas no espelho e no Verbo.

---

224. AGOSTINHO, *Confessiones*, III, c. 6: PL 32, 688; *Enarrationes in Psalmos*, LXXIV 6-8, n. 9: PL 36, 952-953.

Artigo 17
Décimo sétimo, pergunta-se se o conhecimento angélico é dividido de modo suficiente por matutino e vespertino[225]

E parece que não.

---

225. Lugares paralelos: *Super Sent.* II, d. 12, a. 3; *De pot.,* q. 4, a. 2, ad 14 e 15; *Super Eph.,* cap. 3, l. 3; *Sum. Th.* I, q. 58, a. 6, ad 2 e 3; ibid., q. 62, a. 1, ad 3 e q. 64, a.1, ad 3.

Argumentos

1. Como diz Agostinho, no livro VI do *Comentário literal ao Gênesis*,²²⁶ o conhecimento vespertino é aquilo pelo qual a coisa se conhece em si mesma; porém, o matutino é quando se refere ao louvor do Criador; e, assim, o conhecimento matutino parece se distinguir do vespertino pela relação ou não relação. Ora, além do conhecimento da criatura em si mesma referida ao Verbo e não referida, deve-se tomar outro conhecimento da criatura que difere desses mais do que um deles difere do outro: a saber, o conhecimento das criaturas no Verbo. Logo, os conhecimentos matutino e vespertino não dividem de modo suficiente o conhecimento angélico.

2. Além do mais, Agostinho, no livro II do *Comentário literal ao Gênesis*,²²⁷ expõe um triplo ser da criatura: um, que tem no

---

226. AGOSTINHO, *Super Genesim ad litteram*, VI, cap. 22: PL 34, 311.
227. AGOSTINHO, *Super Genesim ad litteram*, II, cap. 8: PL 34, 270.

Verbo, outro, que tem na própria natureza, terceiro, que tem na mente angélica. Ora, por referência ao primeiro e segundo ser se consideram o conhecimento matutino e o vespertino. Logo, por referência ao terceiro, toma-se um terceiro tipo de conhecimento.

3. Além do mais, os conhecimentos matutino e vespertino se distinguem por isto que é conhecer a coisa no Verbo e a coisa na própria natureza; e por isto que é conhecer as coisas feitas e que serão feitas. Ora, esses podem se diversificar de quatro modos. De um modo, como se dissesse conhecer as coisas que serão feitas no Verbo; de outro modo, as coisas feitas no Verbo; de um terceiro modo, feitas na própria natureza; de um quarto, que serão feitas na própria natureza, que, de fato, parece ser uma união inútil, porque na própria natureza se conhece algo antes de existir. Logo, ao menos é necessário que existam três tipos de conhecimentos angélicos; e, assim, se distingue de modo insuficiente em dois.

4. Além do mais, a tarde e a manhã se dizem no conhecimento angélico para a similitude do dia temporal. Ora, no dia temporal entre manhã e tarde está o meio-dia. Logo, também nos anjos entre o conhecimento matutino e vespertino se deve colocar o meio-dia.

5. Além do mais, o anjo não só conhece as criaturas, mas também o mesmo Criador. Ora, os conhecimentos matutino e vespertino nos anjos se distinguem quanto ao conhecimento da criatura. Logo, além do conhecimento vespertino e matutino se deve assinalar um terceiro conhecimento nos anjos.

6. Além do mais, os conhecimentos matutino e vespertino não pertencem a não ser ao conhecimento da graça; de outro modo, os anjos maus teriam o conhecimento matutino e vespertino: o que não parece ser verdadeiro, pois nos demônios não há dia, e a tarde e a manhã são partes do dia. Logo, como o conhecimento natural está nos anjos além do gratuito, parece que se deve estabelecer neles um terceiro conhecimento.

Ao contrário

Os conhecimentos matutino e vespertino se distinguem pelo criado e incriado. Ora, entre eles não há intermediário. Logo, nem entre o conhecimento matutino e vespertino.

Respondo

Respondo dizendo que sobre o conhecimento matutino e vespertino podemos falar de um modo duplo. De um modo, quanto a isto que é do conhecimento; e, assim, em cada conhecimento nada cai como intermediário. Com efeito, o conhecimento vespertino se distingue do matutino, como foi dito anteriormente, por meio do conhecer: de fato, esse, se é criado, produz o conhecimento vespertino em qualquer modo; porém, se é incriado, produz o conhecimento matutino. Contudo, não pode existir algo que seja intermediário entre o criado e o incriado.

No entanto, se se considera quanto à razão de matutino e vespertino, assim cai entre eles algum meio, por dupla razão. Primeira, porque manhã e tarde são partes do dia; porém, o dia está nos anjos pela iluminação da graça, segundo Agostinho:[228] por isso não se estende além do conhecimento gratuito dos anjos bons; e, assim, há conhecimento natural além desses dois. Segundo, porque a tarde, enquanto tal, faz término com a manhã, e a manhã com a tarde; por isso não se pode dizer vespertino qualquer conhecimento das coisas na própria natureza, mas apenas aquele que se refere ao louvor do Criador: pois, assim, a tarde

---

228. AGOSTINHO, *Super Genesim ad litteram*, IV, c. 24: PL 34, 313.

se volta à manhã. E, dessa forma, o conhecimento que os demônios têm das coisas não é matutino, nem vespertino; mas apenas o conhecimento gratuito, que está nos anjos bem-aventurados.

Respostas aos argumentos

1. Respondo, portanto, dizendo que o conhecimento das coisas na própria natureza sempre é vespertino; sua relação com o conhecimento no Verbo não faz o matutino, mas o faz terminar no matutino. Logo, não se diz que por isto que o anjo tenha um conhecimento matutino que o conhecimento das coisas na própria natureza se refere ao Verbo, como se o mesmo conhecimento fosse referido ao conhecimento matutino; mas porque, a partir disso que se refere, merece receber o conhecimento matutino.

2. Respondo dizendo que essa razão procederia se os conhecimentos matutino e vespertino se distinguissem por parte da coisa conhecida; pois, assim, haveria um triplo conhecimento segundo o triplo ser cognoscível com relação às coisas. Contudo, como o conhecimento matutino se distingue do vespertino por meio do conhecimento, que é o criado ou o incriado, por cada um dos meios se conhece qualquer ser dessas coisas; e, assim, não é necessário estabelecer um terceiro conhecimento.

3. Respondo dizendo que todo conhecimento que está no Verbo chama-se conhecimento matutino, seja a coisa já feita, seja não feita; porque tal conhecimento é conforme o conhecimento divino, que conhece todas as coisas de modo semelhante antes que sejam feitas e depois de serem feitas. E, porém, todo conhecimento da coisa no Verbo é da coisa enquanto será feita, ou com a coisa já feita, ou não: de modo que, ao ser feita, não implica o tempo, mas a saída da criatura pelo Criador; assim como se dá o conhecimento do artefato na arte que é segundo seu fazer-se, ainda que também o mesmo artefato já seja feito.

4. Respondo dizendo que Agostinho[229] nomeia matutino o conhecimento que está em plena luz, por isso contém sob si o meio-dia; por isso, às vezes, nomeia-o diurno, outras vezes, porém, matutino. Ou se pode dizer que todo conhecimento do intelecto angélico tem mistura de trevas por parte do cognoscente. Por isso, nenhum conhecimento de intelecto algum pode se dizer meio-dia, mas só o conhecimento pelo qual Deus conhece todas as coisas no mesmo.

5. Respondo dizendo que com o mesmo conhecimento são conhecidos o Verbo e as coisas no Verbo; por isso, também, o conhecimento do Verbo se diz matutino. E isso é claro, porque o sétimo dia, que significa o descanso de Deus em si mesmo, tem uma manhã; por isso, o conhecimento matutino é segundo que o anjo conhece a Deus.

6. É clara a resposta ao sexto pelo dito.

---

229. AGOSTINHO, *Super Genesim ad litteram*, V, c. 18: PL 34, 334; *De civitate Dei*, XI, c. 29: PL 41, 343.

Questão 9*
A comunicação da ciência angélica por iluminações e locuções

---

*. Tradução baseada no texto Taurino *Quaestiones disputatae De Veritate, q. 9*, editado em 1953, transferido automaticamente por Roberto Busa, S.J., para fitas magnéticas e de novo revisto e ordenado por Enrique Alarcón. Disponível em: <www.corpusthomisticum.org>.

Proêmio

E, primeiro, pergunta-se se um anjo ilumina outro.

Segundo, pergunta-se se um anjo inferior sempre é iluminado por um superior, ou, às vezes, imediatamente por Deus.

Terceiro, pergunta-se se um anjo, iluminando outro, purifica-o.

Quarto, pergunta-se se um anjo fala com outro.

Quinto, pergunta-se se os anjos inferiores falam com os superiores.

Sexto, pergunta-se se é requerida determinada distância local para que um anjo fale com outro.

Sétimo, pergunta-se se um anjo pode falar com outro, de maneira que outros não percebam sua locução.

Artigo 1
E, primeiro, pergunta-se se um anjo ilumina outro[230]

E parece que não.

---

230. Lugares paralelos: *Super Sent*. II, d. 9, a. 2, e d. 11, q. 2, a. 2; *De ver*. q. 9, a. 5; *Sum. Th*. I, q. 106, a. 1 e q. 111, a. 1; *Comp. theol.*, cap. 126.

Argumentos

1. Como diz Agostinho,[231] apenas Deus pode formar a mente. Ora, a iluminação de um anjo é certa formação da mente iluminada. Logo, só Deus pode iluminar o anjo.

2. Além do mais, nos anjos não há outra luz a não ser a da graça e a da natureza. Ora, um anjo não ilumina outro por uma luz da natureza, porque cada um tem suas forças naturais imediatamente de Deus; nem, de modo semelhante, pela luz da graça, que imediatamente é só de Deus. Logo, um anjo não pode iluminar outro.

3. Além do mais, assim como o corpo se relaciona com a luz corporal, assim o espírito com a luz espiritual. Ora, o corpo iluminado por uma luz sobre-excedente não é iluminado simultaneamente por uma luz menor; assim como o ar iluminado pela luz

---

231. AGOSTINHO, *Super Genesim ad litteram*, III, c. 20: PL 34, 292; *Liber de diversis quaestionibus LXXXIII*, q. 51: PL 40, 33; *De Trinitate*, III, c. 8: PL 42, 876.

do Sol não é iluminado simultaneamente pela Lua. Logo, como a luz espiritual divina excede qualquer luz criada mais do que a luz do Sol excede a luz da vela ou da estrela, parece que, como todo anjo é iluminado por Deus, um anjo não é iluminado por outro.

4. Além do mais, se um anjo ilumina outro, ou é por um intermediário, ou sem um intermediário. Ora, não sem um intermediário, porque assim seria necessário que um anjo iluminado por outro estivesse unido pelo mesmo; o que não pode ser, pois só Deus se une às mentes. De modo semelhante, nem por um intermediário, porque nem por um intermediário corporal, pois não é receptivo da luz espiritual; nem por intermediário espiritual, porque esse intermediário espiritual não pode ser posto outro do que um anjo; e, assim, ou iria até o infinito com os intermediários; e se fosse, não poderia se seguir iluminação alguma, pois é impossível ultrapassar infinitas coisas; ou iria chegar a isto que um anjo ilumina imediatamente outro: o que é claramente impossível. Logo, é impossível que um anjo ilumine outro.

5. Além do mais, se um anjo ilumina outro, ou será porque entrega a ele a luz própria, ou porque dá a ele alguma outra luz. Ora, não do primeiro modo, porque assim uma e a mesma luz estaria em diversas coisas iluminadas. Nem também do segundo modo, porque assim seria necessário que essa luz fosse feita por um anjo superior; e disso seguir-se-ia que o anjo seria criador dessa luz, pois essa luz não é feita da matéria. Logo, parece que um anjo não ilumina outro.

6. Além do mais, se um anjo é iluminado por outro, é necessário que o anjo iluminado seja reduzido da potência ao ato, porque ser iluminado é certo fazer-se. Ora, quando uma coisa é reduzida da potência ao ato, é necessário que nela algo seja corrompido. Portanto, como nos anjos nada se corrompe, parece que um anjo não é iluminado por outro.

7. Além do mais, se um anjo é iluminado por outro, a luz que um entrega a outro, ou é substância, ou acidente. Ora, não pode ser substância, porque acrescentada a forma substancial, varia a espécie, como acrescentada a unidade varia a espécie do número, como se diz no livro VIII da *Metafísica*;[232] e, assim, seguir-se-ia que o anjo seria iluminado por isto que varia segundo a espécie. De modo semelhante, não pode ser acidente, porque o acidente não se estende além do sujeito. Logo, um anjo não ilumina outro.

8. Além do mais, nossa visão, tanto a corporal quanto a intelectual necessitam da luz, porque seu objeto é inteligível e visível em potência, como pela luz se faz inteligível e visível em ato. Ora, o objeto do conhecimento angélico é inteligível em ato, que é a mesma essência divina, ou as espécies concriadas. Logo, não necessitam de luz inteligível para conhecer.

9. Além do mais, se um anjo ilumina outro, ou isso é com relação ao conhecimento natural, ou com relação ao conhecimento da graça. Ora, não com relação ao conhecimento natural, porque, tanto nos superiores quanto nos inferiores, o conhecimento natural é por formas inatas. De modo semelhante, nem quanto ao conhecimento da graça pelo qual conhecem as coisas no Verbo, porque todos os anjos veem imediatamente o Verbo. Logo, um não ilumina o outro.

10. Além do mais, para o conhecimento intelectual não se requerem senão a forma inteligível e a luz inteligível. Ora,

---

232. ARISTÓTELES, *Metaphysica*, VIII, c. 3, 1043b36.

um anjo não entrega a outro nem as formas inteligíveis, que são concriadas, nem a luz inteligível, pois cada um é iluminado por Deus, segundo se lê em Jó 25,3: *pode ser contado o número de suas tropas? E sobre quem não se levanta a sua luz?* Logo, um não ilumina outro.

11. Além do mais, a iluminação se ordena a banir as trevas. Ora, no conhecimento dos anjos não há treva alguma ou obscuridade; por isso, sobre 2 Cor 12,2, diz a Glosa[233] que, *na região das substâncias intelectuais,* que consta ser a região dos anjos, *a mente vê a verdade claramente, sem qualquer imaginação do corpo, nem é obscurecida por névoas de falsas opiniões*. Logo, um anjo não é iluminado por outro anjo.

12. Além do mais, o intelecto angélico é mais nobre do que o intelecto agente da nossa alma. Ora, o intelecto agente de nossa alma nunca é iluminado, mas só ilumina. Logo, nem os anjos são iluminados.

13. Além do mais, em Ap 21,23 se diz que *a cidade não precisa do Sol ou da Lua para a iluminarem, pois a glória de Deus a ilumina*; e sobre isso expõe a Glosa[234] que *Sol e Lua indicam os doutores maiores e menores*. Logo, como o anjo já é cidadão dessa cidade, ele não é iluminado, senão apenas por Deus.

14. Além do mais, se o anjo ilumina outro anjo, ou isso é por abundância da luz natural, ou por abundância da gratuita. Ora, não por abundância natural, porque o anjo que caiu era o supremo dos anjos, tinha as forças naturais excelentíssimas, que

---

233. *Glosa* de PEDRO LOMBARDO, *Super II Cor* 12,2: PL 192, 81 D; AGOSTINHO, *Super Genesim ad litteram*, XII, c. 26: PL 34, 476.
234. *Ordin.* e *interlin.* sec. recens. Paris. (ms. Paris B. N. lat. 15467).

permanecem íntegras nele, como diz Dionísio, no capítulo IV do *Sobre os nomes divinos*.²³⁵ E, assim, o demônio iluminaria um anjo, o que é absurdo. De modo semelhante, nem por abundância da luz da graça, porque algum homem no estado de via é de maior graça do que os anjos inferiores; pois, por força da graça, alguns homens são transferidos para ordem dos anjos superiores; e, assim, o homem no estado existente de via iluminaria um anjo, o que é absurdo. Logo, um anjo não ilumina outro.

15. Além do mais, Dionísio diz, no capítulo VII de *A hierarquia celeste*,²³⁶ que *a iluminação é a recepção da ciência divina*. Ora, a ciência divina não se pode dizer senão que é sobre Deus, ou que é sobre as coisas divinas. E em cada modo o anjo não recebe a ciência divina a não ser de Deus. Logo, um anjo não ilumina outro.

16. Além do mais, como a potência de um intelecto angélico é toda terminada por formas inatas, as formas inatas são suficientes para que um anjo possa conhecer todas as coisas que possa conhecer. Logo, não é necessário que um anjo seja iluminado por um anjo superior para conhecer algo.

17. Além do mais, todos os anjos diferem entre si por espécie; ou ao menos aqueles que são de ordens diversas. Ora, nada é iluminado pela luz de outra espécie; assim como a coisa corporal não é iluminada pela luz espiritual. Logo, um anjo não é iluminado por outro.

18. Além do mais, a luz do intelecto angélico é mais perfeita do que a luz do nosso intelecto agente. Ora, a luz do nosso

---

235. PSEUDO-DIONÍSIO, *De divinis nominibus*, IV, § 23: PG 3, 725 C.
236. PSEUDO-DIONÍSIO, *De caelesti hierarchia*, VII, § 3: PG 3, 209 C.

intelecto agente é suficiente para todas as espécies que recebemos pelos sentidos. Logo, também a luz do intelecto angélico é suficiente para todas as espécies inatas; e, assim, não é preciso que seja acrescentada alguma luz.

Ao contrário

1. É o que diz Dionísio, no capítulo III de *A hierarquia celeste*,[237] que a ordem da hierarquia é, de fato, daqueles que são iluminados e daqueles que iluminam. Logo etc.

2. Além do mais, assim como há ordem nos homens, assim há ordem nos anjos; como é claro por Dionísio.[238] Ora, nos homens, os superiores iluminam os inferiores, como se diz em Ef 3,8 ss: *a mim, o menor de todos os santos, me foi dada esta graça de anunciar (...) e de pôr em luz* etc. Logo, também os anjos superiores iluminam os inferiores.

3. Além do mais, a luz espiritual é mais eficaz do que a corporal. Ora, os corpos superiores iluminam os inferiores. Logo, também, os anjos superiores iluminam os inferiores.

Respondo

Respondo dizendo que da luz intelectual é necessário que falemos com relação à similitude da luz corporal. Contudo, a luz corporal é um meio pelo qual vemos; e serve nossa visão de dois modos: de um modo, nisto que pelo mesmo se faz visível em ato o que era visível em potência; de outro modo, nisto que a visão mesma é reforçada para ver pela luz natural; por isso também é necessário haver luz na composição do órgão. Portanto, também

---

237. PSEUDO-DIONÍSIO, *De caelesti hierarchia*, III, § 2: PG 3, 165 B.
238. PSEUDO-DIONÍSIO, *De ecclesiastica hierarchia*, cap. 5, pars 1, § 2: PG 3, 501 D.

a luz intelectual se pode dizer como vigor mesmo do intelecto para inteligir, ou também isto pelo qual algo se faz conhecido a nós. Por isso, segundo dois aspectos alguém pode ser iluminado por outro: a saber, segundo isto que seu intelecto é reforçado para conhecer, e segundo isto que o intelecto é conduzido de um conhecimento a outro. E esses dois aspectos são unidos no intelecto, como é claro quando o intelecto de alguém, por algum meio que a mente recebe, é reforçado para ver outras coisas que não poderia ver antes. Portanto, segundo isso, um intelecto se diz que é iluminado por outro, enquanto lhe é entregue algum meio de conhecer, pelo qual o intelecto reforçado pode conhecer algumas coisas cognoscíveis que antes não podia. De fato, isso acontece conosco de dois modos. De um modo, pelo discurso; como quando o que ensina entrega com suas palavras algum meio ao discípulo pelo qual seu intelecto é reforçado para alguma coisa inteligível, que antes não podia inteligir. E, assim, se diz que o mestre ilumina o discípulo. De outro modo, enquanto alguém propõe algum sinal sensível, pelo qual alguém pode ser induzido a algum conhecimento inteligível. E, assim, segundo Dionísio,[239] diz-se que o sacerdote ilumina o povo, enquanto administra e revela ao povo os sacramentos, que conduzem às coisas divinas inteligíveis.

Mas os anjos não chegam ao conhecimento das coisas divinas por sinais divinos, nem recebem um meio intelectual de modo variado e discursivo, assim como nós recebemos, mas imaterialmente. E isso é o que diz Dionísio, no capítulo VII de *A hierarquia celeste*,[240] mostrando de que modo os anjos superiores são iluminados: *as primeiras essências dos anjos são contemplativas, não por entenderem as coisas especulativas por símbolos sensíveis; nem como conduzidas a Deus pela variedade da Sagrada Escritura, mas como por uma luz mais elevada de ciência imaterial.*

---

239. PSEUDO-DIONÍSIO, *De ecclesiastica hierarchia*, cap. 5, pars 1, § 6: PG 3, 505 D.
240. PSEUDO-DIONÍSIO, *De ecclesiastica hierarchia*, VII, § 2: PG 3, 208B.

Portanto, um anjo ser iluminado por outro não é outra coisa do que o intelecto do anjo inferior ser reforçado por alguma consideração do superior, para que conheça algumas coisas. E, de fato, isso pode ser feito deste modo. Com efeito, assim como nos corpos os superiores são como ato com relação aos inferiores, como o fogo com relação ao ar; assim também os espíritos superiores são como atos com relação aos inferiores. Contudo, toda potência é reforçada e aperfeiçoada pela união com seu ato; por isso também os corpos inferiores são conservados nos superiores, que são o lugar deles; e, por isso, também os anjos inferiores são reforçados pela ligação deles com os superiores, pois, de fato, a ligação é por intuito do intelecto; e, portanto, são ditos iluminados por eles.

Respostas aos argumentos

1. Respondo, portanto, dizendo que Agostinho fala da formação última, pela qual a mente é formada pela graça, que é imediatamente de Deus.

2. Respondo dizendo que pelo anjo iluminante não se faz nova luz da graça ou da natureza, a não ser como participada. Com efeito, como tudo que se intelige é conhecido pela potência da luz intelectual; o mesmo conhecido enquanto tal inclui em si a luz intelectual como participada, por cuja potência tem o intelecto reforçado; assim como é claro quando o mestre entrega ao discípulo o meio de qualquer demonstração na qual a luz do intelecto agente é participada como um instrumento. Com efeito, os primeiros princípios são como instrumentos do intelecto agente, como diz o Comentador no livro III do *Sobre a alma*;[241]

---

241. AVERRÓIS, *In De anima.*, com. 36: vol. VI, p. 184 C. [*Commentaria in Opera Aristotelis*, Venetiis, 1562].

e, de modo semelhante, também todos os princípios segundo que contêm a medida própria das demonstrações. Então, por isso que o anjo superior demonstra seu conhecimento a outro anjo, seu intelecto é reforçado para conhecer outras coisas, que antes não conhecia; e, assim, não faz no anjo iluminado nova luz da natureza ou da graça; mas a luz que estava antes nele é reforçada pela luz contida no conhecimento recebido do anjo superior.

3. Respondo dizendo que não são semelhantes a luz corporal e a espiritual. Com efeito, qualquer corpo pode indiferentemente ser iluminado por qualquer luz corporal; e, por isso, toda luz corporal se comporta de modo igual com as formas visíveis. Mas não é qualquer espírito que pode igualmente ser iluminado por qualquer luz, porque qualquer luz não contém igualmente as formas inteligíveis; pois a luz suprema contém as formas inteligíveis mais universais. E, por isso, como o intelecto inferior é proporcionado a receber o conhecimento por formas mais particulares, não lhe é suficiente ser iluminado por uma luz superior; mas é necessário que seja iluminado por uma luz inferior para isto que é levado ao conhecimento das coisas, assim como é claro conosco. Com efeito, o Filósofo primeiro[242] tem o conhecimento de todas as coisas nos princípios universais. Contudo, o médico considera as realidades maximamente no particular, por isso não toma imediatamente os princípios do primeiro filósofo, mas toma imediatamente do filósofo natural,[243] que tem os princípios mais restritos do que do filósofo primeiro. No entanto, o filósofo natural, cuja consideração é mais universal do que a do médico, pode tomar imediatamente do filósofo primeiro os princípios da sua consideração. Por isso, como na luz do intelecto divino as razões das coisas são maximamente unidas como em

---

242. Por "filósofo primeiro" faz-se referência ao metafísico.
243. Pode-se considerar "filósofo natural" o que entendemos hoje por cientista.

um princípio maximamente universal, os anjos inferiores não são proporcionados para isto que só por essa luz recebem o conhecimento, a não ser que seja acrescentada a luz dos anjos superiores, nas quais as formas inteligíveis são restritas.

4. Respondo dizendo que o anjo, às vezes, ilumina outro por um intermediário, outras vezes, sem um intermediário. Ora, por um intermediário espiritual, como quando o anjo superior ilumina um anjo intermediário, e o intermediário ilumina um ínfimo, pela potência da luz do anjo superior. Contudo, sem um intermediário, como quando o anjo superior ilumina imediatamente o anjo existente sob ele. Nem é necessário que desse modo o iluminante se una ao iluminado como inserido na sua mente; mas como ligado entre si, por isto que um intui outro.

5. Respondo dizendo que o intermediário que é conhecido pelo anjo superior é um e o mesmo numericamente que o conhecido pelo inferior; mas o conhecimento do anjo superior é outro do que esse do conhecimento do inferior: e, assim, a luz é de certo modo a mesma, e de outro modo é outra. Ora, não se segue que segundo isso que é outra seja criada pelo anjo superior: porque as coisas não subsistentes por si não são feitas, propriamente falando, assim como não são por si; por isso a cor não é feita, mas se faz o colorido, como se diz no livro VII da *Metafísica*.[244] Por isso, a luz mesma do anjo não é feita, mas o próprio iluminado é feito de iluminado em potência para iluminado em ato.

6. Respondo dizendo que, assim como na iluminação corporal não se remove outra forma, mas só a privação da luz, que é treva, da mesma maneira também ocorre na iluminação espi-

---

244. ARISTÓTELES, *Metaphysica*, VII, c. 8, 1034b7; ibid., VIII, 4 (1044b21).

ritual: por isso não é necessário que esteja ali alguma corrupção, mas só remoção da negação.

7. Respondo dizendo que essa luz do anjo pela qual se diz iluminado não é perfeição essencial do mesmo anjo, mas a perfeição segundo que se reduz a um gênero acidental: nem se segue que o acidente se estenda além do sujeito, porque esse conhecimento pelo qual o anjo superior é iluminado não está no anjo inferior pelo mesmo numericamente; mas pela espécie e por razão, enquanto é pelo mesmo, como também na mesma espécie, não numericamente, há luz no ar iluminado e no Sol iluminante.

8. Respondo dizendo que pela luz se faz algo inteligível em ato que antes era inteligível em potência; isso, porém, pode se dar de dois modos. De um modo, de maneira que isso que é em si inteligível em potência se faça inteligível em ato, como ocorre em nós. E, assim, o intelecto angélico não necessita da luz, pois não abstrai a espécie a partir das imagens. De outro modo, de maneira que isso que é inteligível em potência a algum ser inteligente se faça ato inteligível a ele, como as substâncias superiores se fazem a nós inteligíveis em ato por meios pelos quais nós chegamos ao seu conhecimento. E, desse modo, o intelecto do anjo necessita da luz para isto que é conduzido ao conhecimento atual das coisas que estão em potência para conhecer.

9. Respondo dizendo que a iluminação pela qual um anjo ilumina outro não é dessas coisas que pertencem ao conhecimento natural dos anjos; porque todos têm assim o conhecimento natural perfeito a partir do princípio da sua criação; a não ser, talvez, que sustentamos que os anjos superiores sejam causa dos inferiores: o que é contra a fé.[245] Mas esse conhecimento é dessas

---

245. Cfr. JOÃO DAMASCENO, *De fide*, II, c. 3: PG 94, 873 B.

coisas reveladas aos anjos, que excedem o conhecimento natural deles; assim como os mistérios divinos pertencentes à Igreja superior ou inferior. Por isso também Dionísio[246] defende uma ação hierárquica. Nem se segue que, ainda que todos vejam o Verbo, qualquer coisa que os anjos superiores vejam no Verbo também vejam os inferiores.

10. Respondo dizendo que, quando um anjo é iluminado por outro, não são infundidas novas espécies nele; mas a partir das mesmas espécies que ele tinha antes, seu intelecto é reforçado pela luz superior, do modo já dito, para poder conhecer mais coisas; assim como nosso intelecto, ao ser reforçado pela luz divina ou angélica, pode, pelas mesmas imagens, alcançar o conhecimento de muitas coisas que não poderia por si mesmo.

11. Respondo dizendo que, ainda que nos anjos não haja outra obscuridade por erro, porém, há neles ignorância de algumas coisas que excedem o conhecimento natural deles; e, por isso, necessitam da iluminação.

12. Respondo dizendo que nenhuma coisa, não importa quanto material seja, recebe algo segundo isto que é formal na mesma, mas só segundo isto que é material nela; assim como nossa alma não recebe iluminação por razão do intelecto agente, mas por razão do possível; enquanto também as coisas corporais não recebem alguma impressão por parte da forma, mas por parte da matéria; e nosso intelecto possível é mais simples do que qualquer forma material. De modo semelhante, também o intelecto do anjo é iluminado segundo isto que tem potencialidade, ainda que o mesmo seja mais nobre do que nosso intelecto agente, que não é iluminado.

---

246. PSEUDO-DIONÍSIO, *De caelesti hierarchia*, cap. 3, § 1: PG 3, 164 D.

13. Respondo dizendo que essa autoridade deve ser entendida dessas coisas que pertencem ao conhecimento da bem-aventurança, nas quais todos os anjos são imediatamente iluminados por Deus.

14. Respondo dizendo que essa iluminação da qual fala se faz pela luz da graça que aperfeiçoa a luz da natureza. Ora, não se segue que o homem no estado de via possa iluminar o anjo, pois não tem maior graça em ato, mas só em virtude; porque tem graça pela qual pode merecer o estado de perfeição; como também o potro que vem ao nascimento é virtualmente maior do que o asno, porém menor em quantidade atual.

15. Respondo dizendo que quando se diz que a iluminação é recepção da ciência divina, a ciência se diz divina, porque tem origem a partir da iluminação divina.

16. Respondo dizendo que as formas inatas são suficientes para conhecer todas as coisas que são conhecidas pelo anjo por conhecimento natural; mas para as coisas que estão acima do conhecimento natural, há necessidade de luz mais elevada.

17. Respondo dizendo que nos anjos de espécies diferentes não é necessário que haja luz inteligível pela espécie diferente; assim como também nos corpos diferentes pela espécie a cor é a mesma pela espécie. E isso é principalmente verdadeiro com relação à luz da graça, que também é a mesma pela espécie nos homens e nos anjos.

18. Respondo dizendo que a luz do intelecto agente é suficiente em nós para as coisas que são do conhecimento natural; mas para outras é requerida uma luz mais elevada, como a da fé ou a da profecia.

Artigo 2
Segundo, pergunta-se se um anjo inferior sempre é iluminado por um superior, ou, às vezes, imediatamente por Deus[247]

E parece que imediatamente por Deus.

---

247. Lugares paralelos: *Super Sent.* II, d. 3, q. 1, a. 3, ad 4 e d. 9, a. 2, ad 3 e 4.

Argumentos

1. O anjo inferior está em potência para a graça pela vontade, e para a iluminação pelo intelecto. Ora, ele recebe de Deus tanto a graça quanto é capaz. Logo recebe de Deus tanto a iluminação quanto é capaz; e, assim, é iluminado imediatamente por Deus, não por um anjo intermediário.

2. Além do mais, assim como entre Deus e os anjos inferiores há os superiores que são intermediários, assim entre os anjos superiores e nós há os anjos inferiores que são intermediários. Ora, os anjos superiores, às vezes, nos iluminam imediatamente, como um serafim iluminou Isaías, como é claro em Is 6,6. Logo, também os anjos inferiores, às vezes, são iluminados imediatamente de Deus.

3. Além do mais, assim como há ordem determinada nas substâncias espirituais, assim também ocorre nas substâncias corporais. Ora, às vezes, a potência divina opera nas coisas corporais, deixando de lado as causas intermediárias; como quando ressuscita um morto sem cooperação do corpo celeste. Logo, também, às vezes, ilumina os anjos sem ministério dos superiores.

4. Além do mais, *qualquer coisa que pode uma potência inferior pode também a superior.*[248] Logo, se o anjo superior pode iluminar um anjo inferior, com maior força de razão Deus pode iluminá-lo imediatamente; e, assim, não é necessário que as iluminações divinas sejam sempre levadas pelos superiores aos inferiores.

Ao contrário

1. É o que diz Dionísio[249] que há uma lei imutavelmente firmada pela divindade, de modo que os seres inferiores são levados a Deus mediante os superiores. Logo, os inferiores nunca são iluminados imediatamente por Deus.

2. Além do mais, assim como os anjos são segundo a natureza superiores aos corpos, assim também os superiores são preeminentes aos inferiores. Ora, nada é feito por Deus nas coisas corporais, a não ser por ministério dos anjos, quanto a isso que pertence ao seu governo; como é claro por Agostinho, no livro III do *Sobre a Trindade.*[250] Logo, também nada é feito por Deus nos anjos inferiores, a não ser mediante os superiores.

3. Além do mais, os corpos inferiores não são movidos pelos corpos superiores, a não ser pelos intermediários; como o

---

248. BOÉCIO, *De consolatione philosophiae*, Prosa 4: PL 63, 849 B.
249. PSEUDO-DIONÍSIO, *De ecclesiastica hierarchia*, cap. 5, pars 1, § 4: PG 3, 504 C; *De caelesti hierarchia*, cap. 4, § 3: PG 3, 181 A.
250. AGOSTINHO, *De Trinitate*, cap. 4: PL 42, 873.

céu move a terra mediante o ar. Ora, assim há ordem nos corpos como nos espíritos. Logo, também o sumo espírito não ilumina os inferiores, a não ser por intermediários.

Respondo

Respondo dizendo que a partir da bondade divina procede que o mesmo comunica sua perfeição às criaturas segundo a proporção delas; e, por isso, não só enquanto comunica a elas sua bondade, que em si são boas e perfeitas, mas também para que forneçam a outros a perfeição, cooperando de algum modo com Deus. E, assim, é nobilíssimo o modo da imitação divina; por isso diz Dionísio, no capítulo III de *A hierarquia celeste*,[251] que *a mais divina das coisas é se tornar cooperador de Deus*; e disso procede a ordem que está nos anjos, pois alguns iluminam outros.

Mas acerca dessa ordem alguns opinam de modo diverso. Com efeito, alguns[252] estimam que essa ordem é firmemente estável de modo que nunca aconteceria algo fora da mesma, mas que sempre e em todos essa ordem seria conservada. Outros,[253] porém, estimam que essa ordem é de tal modo estável que, segundo essa ordem, ocorre com frequência, mas, às vezes, é deixada de lado por causas necessárias; assim como também o curso das coisas naturais é mudado pelo governo divino até surgir uma nova causa, como é claro nos milagres.

Mas aquela primeira opinião parece mais racional por três coisas. Primeira, porque com isso há dignidade nos anjos superiores de modo que os inferiores são iluminados por eles, e a dignidades dos superiores diminuiria se, alguma vez, fossem iluminados pelos inferiores. Segunda, porque quanto mais certas coisas estão próximas de Deus, que é sumamente imutável,

---

251. PSEUDO-DIONÍSIO, *De caelesti hierarchia*, III, § 2: PG 3, 165 B.
252. Cfr. BERNARDO, *De consideratione*, III, c. 4: PL 182, 769.
253. Cfr. GUILHERME DE AUXERRE, *Summa aurea*, II, tr. 5, q. 6 (f. 48 rb).

tanto mais devem ser imutáveis; por isso os corpos inferiores, que maximamente distam de Deus, às vezes, falham no curso natural; porém, os corpos celestes sempre conservam o movimento natural. Por isso não parece ser racional que a ordem dos espíritos celestes, que são mais próximos de Deus, algumas vezes, seja mudada. Terceiro, porque nas coisas que pertencem ao estado de natureza, não se faz alguma mudança, pela potência divina, a não ser por algo melhor; a saber, em virtude de algo que pertence à graça ou à glória. Mas no estado de glória, no qual são distintas as ordens dos anjos, não há estado mais elevado. Por isso, não parece racional que as coisas relativas às ordens dos anjos sejam, às vezes, mudadas.

Respostas aos argumentos

1. Respondo, portanto, dizendo que, com relação à graça e à iluminação, Deus dá aos anjos segundo a capacidade deles, porém de modo diferente: porque a graça que pertence à vontade é dada imediatamente a todos por Deus, pois na vontade deles não há ordem, de modo que um possa imprimir sobre outro; mas a iluminação desce de Deus aos últimos pelos primeiros e intermediários.

2. Respondo dizendo que Dionísio, no capítulo XIII de *A hierarquia celeste*,[254] resolve de dois modos. De um modo, que esse anjo que foi enviado para purificar os lábios dos profetas foi dos inferiores, porém foi dito equivocamente Serafim, porque ele purifica queimando, a saber, com um carvão queimado que ele havia tirado do altar com uma tenaz; pois se diz "serafim" como "ardente" ou "queimante". De outro modo, desta maneira: pois diz que esse anjo de ordem inferior, que purificou

---

254. PSEUDO-DIONÍSIO, *De caelesti hierarchia*, XIII, § 1: PG 3, 300 B.

os lábios do profeta, porque ele não pretendia convocá-lo para si mesmo mas a Deus e ao anjo superior, porque agia pelo poder dos dois: por isso ele mostra Deus e o anjo superior; assim como também o bispo se diz absolver alguém, quando o sacerdote absolve por sua autoridade. E, assim, não é necessário que "serafim" seja dito equivocamente, nem que "serafim" tenha iluminado imediatamente o profeta.

3. Respondo dizendo que o curso natural tem algum estado mais nobre, por isso é mais digno de que se mude, às vezes; mas nada há de mais nobre no estado de glória; e por isso não é semelhante.

4. Respondo dizendo que não é por impotência de Deus ou dos anjos superiores que os inferiores, mediante os intermediários, são iluminados pelos anjos primeiros e por Deus; mas é por isto que são conservadas a dignidade e a perfeição de todos; que se dá quando muitos cooperam com Deus no mesmo.

Artigo 3
Terceiro, pergunta-se se um anjo, iluminando outro, purifica-o[255]

E parece que não.

---

255. Lugares paralelos: *Super Sent.* II, d. 9, a. 2; *Sum. Th.* I, q. 106, a. 2, ad 1 e I-II, q. 112, a. 1, ad 3; *Comp. theol.*, cap. 126.

Argumentos

1. A purificação é relativo à impureza. Ora, nos anjos não há qualquer impureza. Logo, um não pode purificar outro.

2. Mas se poderia dizer que essa purificação não se entende do pecado, mas da ignorância ou da insciência. – Mas, ao contrário, como essa ignorância não pode haver nos anjos bem-aventurados pelo pecado, porque não esteve neles, ela não estará senão a partir da natureza. Ora, as coisas que são naturais não são removidas ao permanecer a natureza. Logo, o anjo não pode ser purificado da ignorância.

3. Além do mais, a iluminação bane as trevas. Contudo, nos anjos não podem ser entendidas outras trevas senão da ignorância ou da insciência. Logo, se a insciência é removida pela purificação, a purificação e a iluminação serão o mesmo, e não devem ser distinguidas.

4. Mas se poderia dizer que a iluminação é relativa ao término para o qual, e a purificação, porém, o término a partir do qual. – Mas, ao contrário, em nenhum meio se encontra um terceiro término além do término a partir do qual e do término para o qual. Logo, se essas duas ações hierárquicas, a purificação e a iluminação, são distintas conforme o término a partir do qual e para o qual, não se deverá colocar uma terceira ação; o que é contra Dionísio,[256] que defende em terceiro lugar a perfeição.

5. Além do mais, enquanto alguma coisa está no estado de progredir, ainda não é perfeita. Ora, o conhecimento dos anjos cresce de algum modo até o dia do Juízo, como diz o Mestre no livro II de *As sentenças*.[257] Logo, agora um não pode aperfeiçoar outro.

6. Além do mais, assim como a iluminação é causa da purificação, assim também é causa da perfeição. Ora, a causa é anterior ao causado. Logo, assim como a iluminação precede a perfeição, assim também precede a purificação, se a purificação for da insciência.

Ao contrário

É que Dionísio distingue e ordena essas ações deste modo, no capítulo III de *A hierarquia celeste*,[258] dizendo: *a ordem hierárquica é tal que alguns anjos são purificados, outros, porém, purificam; alguns são iluminados, porém outros iluminam; alguns, de fato, são aperfeiçoados, outros, porém aperfeiçoam.*

---

256. PSEUDO-DIONÍSIO, *De caelesti hierarchia*, III, § 2: PG 3, 165 B.
257. PEDRO LOMBARDO, *Lib. Sent.*, II, d. 11, c. 2.
258. PSEUDO-DIONÍSIO, *De caelesti hierarchia*, III, § 2: PG 3, 165 B.

Respondo

Respondo dizendo que essas três ações nos anjos não pertencem senão à recepção do conhecimento; por isso diz Dionísio, no capítulo VII de *A hierarquia celeste*,[259] que *purificação, iluminação e perfeição são recepção da ciência divina*. Ora, a distinção delas deve ser entendida deste modo. Com efeito, em qualquer geração ou mudança encontram-se dois términos; a saber, o término a partir do qual e o término para o qual. Contudo, cada um se encontra de modo diverso nas diversas coisas. Pois em alguns términos a partir dos quais há algo contrário à perfeição para ser adquirido; assim como a pretidão é contrária à brancura, que é adquirida pelo embranquecimento. Às vezes, porém, a perfeição adquirida não tem contrário diretamente; mas as disposições que precedem no sujeito são contrárias às disposições ordenadas à perfeição induzida, assim como é claro pela animação do corpo. Ora, outras vezes, nada é pressuposto para introduzir as formas senão a privação ou a negação; como ao iluminar o ar precedem as trevas, que são removidas pela presença da luz. De modo semelhante, também o término para o qual, às vezes, é apenas um, como o término para o qual no embranquecimento é o branco; outras vezes, porém, são dois términos para os quais, dos quais um se ordena a outro, como é claro na alteração dos elementos, do qual um término é a disposição que é necessária, e outro é a forma substancial mesma.

Portanto, na recepção do conhecimento a dita diversidade se encontra quanto ao término para o qual, porque, às vezes, ao receber a ciência preexiste o erro contrário à ciência adquirida; outras vezes, porém, encontram-se as disposições contrárias, como a impureza da alma, ou uma imoderada ocupação acerca das coisas sensíveis, ou outra coisa; outras vezes, porém, preexiste de um só modo a privação ou a negação do conhecimento, como quando aumentamos em nós o conhecimento de

---

259. PSEUDO-DIONÍSIO, *De caelesti hierarchia*, VII, § 3: PG 3, 209 C.

dia a dia; e, assim, apenas desse modo se deve tomar o término a partir do qual nos anjos. No entanto, por parte do término para o qual devem ser encontrados dois términos na acepção do conhecimento. O primeiro é isto pelo qual o intelecto é aperfeiçoado para conhecer algo; ou é uma forma inteligível, ou uma luz inteligível, ou qualquer meio de conhecimento. O segundo, porém, é o término do mesmo conhecimento, que procede dele, que é o término último na acepção do conhecimento.

Portanto, assim, a purificação está nos anjos por remoção de insciência; por isso diz Dionísio, no capítulo VII de *A hierarquia celeste*,[260] que *a recepção da ciência divina é a que purifica a ignorância*. Ora, a iluminação é segundo o primeiro término para o qual: por isso diz no mesmo lugar que os anjos são iluminados enquanto algo é manifesto *por iluminação mais elevada*.[261] Mas a perfeição é quanto ao mesmo término último: por isso diz que *são aperfeiçoados pela mesma luz resplandecente das doutrinas*.[262] De tal modo que se entenda diferir iluminação e perfeição, como a formação da visão pela espécie visível, e o conhecimento do mesmo visível; e segundo isso diz Dionísio, no capítulo V de *A hierarquia eclesiástica*,[263] que a ordem dos diáconos foi instituída para purificar, a dos sacerdotes para iluminar, a dos bispos para aperfeiçoar; a saber, porque os diáconos têm ofício sobre os catecúmenos e energúmenos, nos quais há disposições contrárias à iluminação, que são removidas pelo ministério deles; porém, o ofício dos sacerdotes é comunicar e mostrar os sacramentos ao povo, que são como certos intermediários pelos quais somos conduzidos às coisas divinas; o ofício dos bispos, todavia, é revelar ao povo as coisas espirituais, que estão veladas na significação dos sacramentos.

---

260. PSEUDO-DIONÍSIO, *De caelesti hierarchia*, VII, § 3: PG 3, 209 C.
261. PSEUDO-DIONÍSIO, *De caelesti hierarchia*, VII, § 3: PG 3, 209 C.
262. PSEUDO-DIONÍSIO, *De caelesti hierarchia*, VII, § 3: PG 3, 209 C.
263. PSEUDO-DIONÍSIO, *De ecclesiastica hierarchia*, V, pars 1, § 7: PG 3, 508 C.

Respostas aos argumentos

1. Respondo, portanto, dizendo que, assim como diz Dionísio, no capítulo VI de *A hierarquia eclesiástica*,[264] a purificação nos anjos não deve ser entendida de alguma impureza, mas apenas da insciência.

2. Respondo dizendo que uma negação ou defeito se diz ser por natureza de dois modos. De um modo, como se fosse devido à natureza ter tal negação, como não ter razão é natural ao asno; e tal defeito natural nunca é removido enquanto permanece tal natureza. De outro modo, diz-se que a negação provém da natureza porque não é devido à natureza ter tal perfeição; principalmente quando a faculdade da natureza não é suficiente para adquirir essa perfeição; e tal defeito natural é removido: assim como é claro pela ignorância que as crianças têm, e pela falta da glória, que é removida de nós pela união da glória. E, de modo semelhante, também a insciência é tirada dos anjos.

3. Respondo dizendo que a iluminação e a purificação se relacionam com a aquisição da ciência angélica como a geração e a corrupção na aquisição da forma natural que, de fato, são um pelo sujeito, porém diferem pela razão.

4. Respondo dizendo ao quarto que é clara a resposta pelo dito.

5. Respondo dizendo que a perfeição não se toma, no atual propósito, com relação a tudo do conhecimento angélico, mas com relação apenas a um conhecimento que é aperfeiçoado enquanto é levado ao conhecimento de alguma coisa.

---

264. PSEUDO-DIONÍSIO, *De ecclesiastica hierarchia*, VI, pars 3, § 6: PG 3, 537 B.

6. Respondo dizendo que, assim como a forma é de algum modo causa da matéria enquanto lhe dá o ser em ato, porém, a matéria é de algum modo causa da forma, enquanto sustenta a mesma; assim também de algum modo as coisas que são por parte da forma são anteriores a essas coisas que são por parte da matéria, porém, em algumas o modo é o inverso. E porque a privação se dá por parte da matéria, por isso a remoção da privação é naturalmente anterior à introdução da forma, segundo a ordem pela qual a matéria é anterior à forma, pela qual se diz haver ordem da geração; mas a introdução da forma é anterior a essa ordem pela qual a forma é anterior à matéria, que é a ordem da perfeição. E a mesma razão é da ordem da iluminação e da perfeição.

Artigo 4
Quarto, pergunta-se se um anjo fala com outro[265]

E parece que não.

---
265. Lugares paralelos: *Super Sent.* II, d. 11, q. 2, a. 3; *Super Cor.* I, cap. 13, l. 1; *Sum. Th.* I, q. 107, a. 1.

Argumentos

1. Sobre o que se diz em Jó 28,17: *não a igualam o ouro, nem o vidro*, diz Gregório no livro XVIII do *Sobre a moral*:[266] *então um será visível ao outro, como agora ele não é visível a ele mesmo*. Ora, agora não é necessário que alguém fale a si mesmo, para que conheça o que lhe é conhecido. Logo, nem na pátria celeste será necessário que um fale com outro para demonstrar o que lhe é conhecido. Logo, nem é necessário locução nos anjos, que são bem-aventurados.

2. Além do mais, Gregório[267] diz no mesmo lugar: *quando a face de cada um é considerada, simultaneamente também a consciência é penetrada*. Logo, não se requer a locução para isto que um saiba o conceito de outro.

---

266. GREGÓRIO, *Moral.*, XVIII, cap. 48: PL 76, 84 B.
267. GREGÓRIO, *Moral.*, XVIII, cap. 48: PL 76, 84 B.

3. Além do mais, Máximo, no *Comentário sobre A hierarquia celeste*,[268] no capítulo II, diz assim, falando sobre os anjos: *estabelecidos na incorporeidade, aproximam-se e se afastam uns dos outros, contemplando a mente uns dos outros mais expressamente do que todo discurso, argumentam de modo mútuo pelo silêncio da palavra que comunicam uns com os outros.* Ora, o silêncio se opõe à locução. Logo, os anjos conhecem suas mentes entre si sem a locução.

4. Além do mais, toda locução é por algum signo. Ora, o signo não é senão das coisas sensíveis, *porque o signo é o que, além de levar uma espécie aos sentidos, faz alguma coisa vir ao conhecimento*, como se diz no livro IV de *As sentenças*.[269] Logo, como os anjos não recebem a ciência das coisas sensíveis, não recebem o conhecimento por alguns sinais; e, assim, nem pela locução.

5. Além do mais, o sinal parece ser isto que é mais conhecido a nós, porém menos conhecido segundo a natureza; e segundo isso o Comentador distingue, no princípio do livro da *Física*,[270] a demonstração de sinal em oposição à demonstração simples, que é a demonstração "pela qual se demonstra algo". Ora, o anjo não recebe conhecimento a partir dessas coisas que são posteriores na natureza. Logo, não pelo sinal; e, assim, nem pela locução.

6. Além do mais, em toda locução é necessário haver algo que estimule a audição a considerar as palavras do locutor, que, para nós, é a mesma voz do locutor. Ora, isso não pode ser posto no anjo. Logo, nem a locução.

---

268. MÁXIMO, *Scholia*, cap. 2, § 4: PG 4, 44 D.
269. PEDRO LOMBARDO, *Lib. Sent.*, IV, d. 1, c. 3.
270. AVERRÓIS, *Physica*, I, comm. 2: vol. IV, p. 6 L. [*Commentaria in Opera Aristotelis*, Venetiis, 1562].

7. Além do mais, como diz Platão,[271] a locução nos é dada para que conheçamos os indícios da vontade. Ora, um anjo conhece os indícios da vontade de outro anjo por si mesmo, porque são espirituais; e todas as coisas espirituais são conhecidas do anjo pelo mesmo conhecimento. Portanto, como o anjo pela mesma natureza espiritual conhece outro anjo, por si mesmo conhece a vontade dele; e, assim, não necessita de locução alguma.

8. Além do mais, as formas do intelecto angélico são ordenadas ao conhecimento das coisas, assim como as razões das coisas em Deus com relação à produção delas, pois são semelhantes a elas. Ora, pelas razões ideais a coisa é produzida. Logo, também o anjo conhece o anjo pela forma do intelecto, e tudo isso que é intrínseco ao anjo; e, assim, conhece seu conceito; e, desse modo, o mesmo que antes.

9. Além do mais, a locução é dupla em nós: a interior e a exterior. Ora, não se sustenta a exterior nos anjos; de outro modo, seria necessário que formassem as vozes enquanto um fala com outro: porém, a locução interior não é senão o conhecimento como é claro por Anselmo[272] e Agostinho.[273] Logo, nos anjos não pode ser sustentada a locução fora do pensamento.

10. Além do mais, Avicena[274] diz que a causa em nós da locução é uma multidão de desejos, que consta provir de muitos defeitos, porque o desejo é da coisa que não se tem, como diz

---

271. PLATÃO, *Timaeus*, Chalcídio *interprete*, p. II (ed. J. H. Waszink, p. 44, 25). [*Timeu*, presente em *Diálogos V*, obra publicada em *Clássicos Edipro*. (N.E.)]
272. ANSELMO, *Monologium*, cap. 63: PL 158, 208 D.
273. AGOSTINHO, *De Trinitate*, XV, c. 10: PL 42, 1071.
274. AVICENA, *De anima*, V, c. 1, f. 22rb A. [Opera in lucem redacta ac nuper quantum ars niti per canonicos emendata. Translata per Dominicum Gundissalinum. Venetiis, 1508].

Agostinho.²⁷⁵ Logo, como nos anjos não se deve sustentar uma multidão de defeitos, não se deve sustentar locução neles.

11. Além do mais, um anjo não pode conhecer o pensamento de outro pela essência do seu pensamento, pois não está presente ao seu intelecto por essência. Logo, é necessário que o conheça por alguma espécie. Ora, o anjo é suficiente por ele mesmo para conhecer todas as coisas que estão naturalmente em outro anjo por espécies inatas. Logo, pela mesma razão, conhece pelas mesmas espécies todas as coisas que são feitas pela vontade em outro anjo. E assim não parece que nos anjos se deva sustentar uma locução para isto que o conceito de um seja conhecido por outro.

12. Além do mais, gestos e sinais não são feitos para serem ouvidos, mas para serem vistos; a locução, porém, para ser ouvida; porém os anjos indicam seus conceitos mútuos *por acenos e sinais*, como explica a Glosa²⁷⁶ sobre 1 Cor 13,1: *ainda que eu falasse línguas, as dos homens e as dos anjos* etc. Logo, não comunicam por locução.

13. Além do mais, a locução é certo movimento da potência cognitiva. Ora, o movimento cognitivo termina na alma, e não nisto que está fora. Logo, pela locução um anjo não se ordena a outro, de modo que lhe demonstra o seu conceito.

14. Além do mais, em toda locução, é necessário manifestar algo ignorado pelo conhecido, como nós manifestamos nossos conceitos por sons sensíveis. Ora, não se pode defender isso nos anjos, porque a natureza do anjo, que é conhecida na-

---

275. AGOSTINHO, *De Trinitate*, IX, c. 12: PL 42, 971.
276. *Ordin.* e a *Glosa* de PEDRO LOMBARDO. Ibid.: PL 191, 1658 C.

turalmente por outro anjo, não é figurável, como diz Dionísio;[277] e assim não se pode fazer nela algo pelo qual demonstra isto que está ignorado nela. Logo, a locução não pode ocorrer nos anjos.

15. Além do mais, os anjos são certas luzes espirituais. Ora, a luz, por isto mesmo que é vista, manifesta a si mesma totalmente. Logo, por isso que o anjo é visto, tudo isto que está nele é totalmente conhecido; e assim a locução não tem lugar neles.

Ao contrário

1. É o que se diz em 1 Cor 13,1: *ainda que eu falasse línguas, as dos homens e as dos anjos* etc. Ora, a língua seria em vão a não ser que houvesse locução. Logo, os anjos falam.

2. Além do mais, *que pode uma potência inferior pode também a superior*, segundo Boécio.[278] Ora, o homem pode revelar a outro homem o que lhe é conhecido. Logo, de modo semelhante, também pode o anjo. Contudo, com isso ele fala. Logo, há locução neles.

3. Além do mais, Damasceno[279] diz que *os anjos, ao emitir um discurso sem voz, entregam mutuamente suas vontades, suas deliberações e inteligências*. Ora, o discurso não é senão pela locução. Logo, no anjo há locução.

---

277. PSEUDO-DIONÍSIO, *De divinis nominibus*, cap. 1, § 1: PG 3, 588 B.
278. BOÉCIO, *De consolatione philosophiae*, Prosa 4: PL 63, 849 B.
279. JOÃO DAMASCENO, *De fide*, II, c. 3: PG 94, 868 B.

Respondo

Respondo dizendo que é necessário que nos anjos se sustente algum modo de locução. Com efeito, como o anjo não conhece os segredos do coração de modo especial e direto, como se encontra na questão precedente sobre o conhecimento dos anjos, é necessário que um manifeste a outro o que lhe é conhecido; e essa é a locução dos anjos. Com efeito, a locução se diz em nós a mesma manifestação do verbo interior que concebemos pela mente.

No entanto, de que modo os anjos manifestam seus conceitos aos outros, é necessário tomar pela similitude das coisas naturais, pois as formas naturais são como imagens imateriais, como diz Boécio.[280] Contudo, encontramos uma forma existente na matéria de três modos. De um modo, imperfeitamente; a saber, de modo intermediário entre a potência e o ato, como as formas que são no fazer-se. De outro modo, no ato perfeito, digo perfeição pela qual tem uma forma que é perfeita em si mesma. De um terceiro modo, no ato perfeito, segundo que tem uma forma que pode também comunicar a perfeição a outro, pois há algo que ilumina a si mesmo, mas não pode iluminar outras coisas. De modo semelhante, também a forma inteligível existe no intelecto de três modos: primeiro, como meio intermediário entre a potência e o ato, a saber, quando está como no hábito; segundo, como no ato perfeito quanto ao mesmo que inteligível, e isso é quando o que inteligível em ato pensa segundo a forma que tem em si; terceiro, porém, em ordem a outro: e a transição, de fato, é de um modo a outro, como da potência ao ato, pela vontade. Com efeito, a mesma vontade do anjo faz com que ele se converta atualmente às formas que tinha em hábito; e, de modo semelhante, a vontade do anjo faz com que o intelecto seja ainda mais perfeito no ato da forma existente no mesmo,

---

280. BOÉCIO, *De Trinitate*, cap. 2: PL 64, 1250 D.

de modo que não só segundo si, mas que seja aperfeiçoado por tal forma em ordem a outro. E quando se dá assim, então outro anjo percebe seu conhecimento; e segundo isso se diz que fala com outro anjo.

E, de modo semelhante, dar-se-ia conosco se nosso intelecto pudesse considerar as coisas inteligíveis imediatamente: mas, porque nosso intelecto recebe naturalmente das coisas sensíveis, é necessário que certos sinais sensíveis sejam adaptados a exprimir os conceitos interiores, pelos quais os pensamentos dos corações são manifestos a nós.

Respostas aos argumentos

1. Respondo, portanto, dizendo que as palavras de Gregório podem ser entendidas da visão corporal e da espiritual. Com efeito, na pátria celeste, quando forem glorificados os corpos dos santos, o olho corporal de alguém poderá ver o interior do corpo do outro, o que agora não pode ser examinado no mesmo: porque os corpos gloriosos serão como transparentes; por isso Gregório compara-os ao vidro. De modo semelhante, também, cada olho espiritual verá se o outro tem caridade e a medida da caridade, o que não pode saber agora sobre si mesmo. Ora, não é necessário que alguém conheça de outro os pensamentos atuais que dependem da vontade.

2. Respondo dizendo que a consciência de outro se diz penetrar quanto ao hábito, e não quanto aos atuais pensamentos.

3. Respondo dizendo que ali o silêncio priva a locução vocal, tal como existe em nós, não de modo espiritual como é nos anjos.

4. Respondo dizendo que o sinal, propriamente falando, não se pode dizer a não ser de algo a partir do qual se leva ao conhecimento de outra coisa, como discorrendo; e segundo isso, o sinal não está nos anjos, pois a ciência deles não é discursiva, como se encontra na questão precedente. E, por isso, também os sinais são sensíveis em nós, porque nosso conhecimento, que é discursivo, origina-se das coisas sensíveis. Mas podemos comumente dizer sinal qualquer coisa na qual alguma coisa é conhecida; e segundo isso, a forma inteligível pode ser dita sinal da coisa que é conhecida pela mesma. E, assim, os anjos conhecem as coisas por sinais; e, assim, um anjo fala com outro por um sinal; pela espécie, em cujo ato seu intelecto atua perfeitamente em ordem ao outro.

5. Respondo dizendo que, ainda que nas coisas naturais das quais os efeitos são mais conhecidos a nós do que as causas, o sinal é isso que é posterior na natureza, porém na noção de sinal não se toma propriamente o que é anterior ou posterior na natureza, mas apenas que é conhecido anteriormente por nós: por isso, às vezes, tomamos os efeitos como sinais das causas, assim como tomar o pulso é sinal da saúde; outras vezes, porém, as causas como sinais dos efeitos, como as disposições dos corpos celestes são sinais das tempestades e das chuvas.

6. Respondo dizendo que os anjos por isto mesmo, por se voltarem aos outros, enquanto eles produzem em ato algumas das formas em ordem a outros, de algum modo, estimulam os outros para o que eles intentam.

7. Respondo dizendo que o anjo conhece pelo mesmo gênero de conhecimento todas as coisas espirituais, de modo intelectual; mas isso que é conhecer por si ou por outro não pertence à espécie do conhecimento, mas antes ao modo de recepção do conhecimento. Por isso, não é necessário que se um anjo conheça a natureza de outro por si mesmo, que também conheça a locução do outro por si mesmo, porque o pensamento do anjo não é de tal modo cognoscível a outro anjo como sua natureza.

8. Respondo dizendo que essa razão procederia se as formas do intelecto angélico fossem também eficazes para conhecer como são as razões das coisas em Deus eficazes para produzir; mas isso não é verdadeiro, pois não há qualquer igualdade da criatura com o Criador.

9. Respondo dizendo que, ainda que nos anjos não haja locução exterior, como em nós, por sinais sensíveis, porém, dá-se de outro modo conforme a mesma ordenação do pensamento para outro que se diz locução exterior nos anjos.

10. Respondo dizendo que a multidão dos desejos se diz ser a causa da locução, porque da multidão de desejos se segue a multidão de conceitos, que não podem senão ser expressos por sinais extremamente variados. Contudo, os animais irracionais têm poucos conceitos, que exprimem por poucos sinais naturais. Por isso, como nos anjos há muitos conceitos, requer-se também ali uma locução. E a multidão dos conceitos não requer outros desejos nos anjos do que o desejo de comunicar ao outro o que a sua própria mente concebe; pois o desejo não implica imperfeição nos anjos.

11. Respondo dizendo que um anjo conhece o pensamento de outro pela espécie inata pela qual conhece outro anjo, porque pela mesma conhece tudo que conhece em outro anjo. A partir do instante que o anjo se ordena a outro anjo, segundo o ato de alguma forma, esse anjo conhece seu pensamento; e isso, de fato, depende da vontade do anjo. Mas a cognoscibilidade da natureza angélica não depende da vontade do anjo; e, por isso, não se requer a locução nos anjos para conhecer a natureza, mas apenas para conhecer o pensamento.

12. Respondo dizendo que, segundo Agostinho,[281] a visão e a audição diferem somente no exterior, mas são a mesma na mente; porque na mente não são diferentes ouvir e ver, mas apenas no sentido exterior. Por isso, no anjo, que utiliza apenas a mente, não diferem ouvir e ver; mas se diz nos anjos locução com relação à sua similitude que se toma em nós: pois nós adquirimos ciência dos outros através da audição. No entanto, gestos e sinais podem deste modo ser distintos nos anjos, de modo que sinal se diga a mesma espécie, porém os gestos a ordenação a outro. Mas esse poder de fazer se diz língua.

13. Respondo dizendo que a locução é movimento cognitivo, não que seja o conhecimento mesmo, mas a manifestação do conhecimento; e, por isso, é necessário que seja para outro; por isso também o Filósofo diz no livro III do *Sobre a alma*[282] que *a língua é feita para significar a outro*.

14. Respondo dizendo que a essência do anjo não é figurável por uma figura corporal; mas seu intelecto é figurado como uma forma inteligível.

15. Respondo dizendo que a luz corporal manifesta a si mesma por necessidade de natureza; por isso uniformemente se manifesta quanto a todas as coisas que estão na mesma. Mas há vontade nos anjos, cujos conceitos não podem ser manifestos senão segundo o império da vontade; e por isso em sua ação é necessária a locução.

---

281. AGOSTINHO, *De Trinitate*, XV, c. 10: PL 42, 1071.
282. ARISTÓTELES, *De anima*, III, c. 13, 435b24.

Artigo 5
Quinto, pergunta-se se os anjos inferiores falam com os superiores[283]

E parece que não.

---

283. Lugares paralelos: *Super Sent.* II, d. 11, q. 2, a. 3, ad 5; *Super Cor.* I, cap. 13, l. 1; *Sum. Th.* I, q. 107, a. 2.

Argumentos

1. Sobre o que se encontra em 1 Cor 13,1: *ainda que eu falasse línguas, as dos homens e as dos anjos* etc., a Glosa[284] diz que: *as línguas pelas quais os anjos superiores significam aos inferiores são o que os primeiros compreendem da vontade de Deus*. Logo, a locução, que é ato da língua, pertence apenas aos anjos superiores.

2. Além do mais, quando alguém fala, algo se produz no ouvinte. Ora, pelos anjos inferiores nada pode ser feito nos superiores, porque os superiores não estão em potência com relação aos inferiores, mas antes o inverso, pois os superiores têm mais em ato, e menos em potência. Logo, os anjos inferiores não podem falar aos superiores.

3. Além do mais, a locução sobre o pensamento acrescenta a infusão da ciência. Ora, os anjos inferiores não podem infun-

---

284. *Ordin.* e a *Glosa* de PEDRO LOMBARDO, *Super* I Cor. c 13, lect. PL 191, 1658 C.

dir algo nos superiores, porque assim agiriam neles, o que não pode ocorrer. Logo, eles não falam.

4. Além do mais, a iluminação não é outra coisa que a manifestação de algo ignorado. Ora, a locução está nos anjos para manifestar algo ignorado. Logo, a locução nos anjos é certa iluminação. Portanto, como os anjos inferiores não iluminam os superiores, parece que os inferiores não falam com os superiores.

5. Além do mais, o anjo, para o qual se faz a locução, está em potência cognoscente para isto que é expresso pela locução. Contudo, pela locução se torna cognoscente em ato. Logo, o anjo que fala reduz aquilo do qual fala da potência ao ato. Ora, isso não é possível nos anjos inferiores com relação aos superiores, porque assim eles seriam mais nobres. Logo, os inferiores não falam com os superiores.

6. Além do mais, qualquer um que fale com outro de uma coisa ignorada por este, ensina-o. Logo, se os anjos inferiores falam aos superiores sobre os próprios conceitos que estes ignoram, parece que os ensinam; e, assim, os aperfeiçoam, pois aperfeiçoar é ensinar, segundo Dionísio;[285] e isso é contra a ordem da hierarquia, segundo que os inferiores são aperfeiçoados pelos superiores.

Ao contrário

É o que diz Gregório, no livro II do *Sobre a moral*,[286] que *Deus fala aos anjos e os anjos falam a Deus*. Logo, pela mesma razão também os anjos superiores com os inferiores, e o inverso.

---

285. PSEUDO-DIONÍSIO, *De caelesti hierarchia*, cap. 3, § 3: PG 3, 168 A.
286. GREGÓRIO, *Moral.*, cap. 7: PL 75, 559 B.

Respondo

Respondo dizendo que, para evidenciar essa questão, é necessário saber de que maneira iluminação e locução diferem nos anjos; que, de fato, pode ser tomado desta maneira. Um intelecto falha ao conhecer algo cognoscível por dois modos. De um modo, pela ausência do cognoscível; assim como não conhecemos os eventos dos tempos pretéritos, ou de locais remotos, que não nos atingiram. De outro modo, pelo defeito do intelecto, que não é forte o suficiente para atingir essas coisas cognoscíveis que são relativas ao que tem, assim como o intelecto tem todas as conclusões em si nos primeiros princípios naturalmente conhecidos, mas que não conhece a não ser que seja reforçado pelo exercício ou doutrina. Portanto, propriamente a locução é aquilo pelo qual alguém é conduzido ao conhecimento ignorado, por isto que se faz presente a alguém o conhecimento que lhe era ausente; assim como a nós é claro quando um refere a outro com certas coisas que este não via e, assim, faz neste as coisas presentes de algum modo pela locução. Mas a iluminação é quando o intelecto é reforçado para que conheça algo acima do que conhece, como é claro pelo já dito.

Ora, deve-se saber que a locução pode ocorrer nos anjos e em nós sem iluminação; porque, às vezes, ocorre que algumas coisas são manifestas pela locução, pela qual o intelecto de nenhum modo é reforçado mais para inteligir; como quando algumas histórias me são contadas, ou quando um anjo demonstra a outro seu conceito; pois tais coisas podem indiferentemente ser conhecidas e ignoradas por aquele que tem intelecto forte ou débil. Mas a iluminação sempre tem uma locução unida aos anjos e a nós. Com efeito, nós iluminamos um outro segundo isto que lhe entregamos algum meio pelo qual seu intelecto é reforçado a conhecer algo; o que se faz pela locução. De modo semelhante, também é necessário que se faça nos anjos pela locução. Com efeito, o anjo superior tem conhecimento das coisas por formas mais universais; por isso o anjo inferior não é proporcionado a receber o conhecimento pelo anjo superior a não ser que o anjo superior divida e distinga de algum modo seu conhecimento, concebendo em si aquilo sobre o qual quer iluminar, de tal modo que seja compreensível pelo anjo inferior. E manifesta o seu conceito a outro anjo, quando o ilumina; por isso diz Dionísio, no capítulo XV de *A hierarquia celeste*:[287] *cada essência intelectual, tendo recebido de uma essência mais divina a inteligência uniforme, divide-a e a multiplica providencialmente para guiar por analogia os inferiores*. E é semelhante ao mestre que vê que as coisas que o mesmo conhece não podem ser apreendidas pelo discípulo, por esse modo pelo qual o mesmo conhece; e, por isso, aplica-se a distinguir e multiplicar com exemplos, de modo que assim o discípulo possa compreender.

Portanto, deve-se dizer que essa locução que se une à iluminação, é falada apenas pelos anjos superiores aos inferiores; mas, segundo outra locução, indiferentemente os superiores falam aos inferiores, e o inverso.

Respostas aos argumentos

1. Respondo, portanto, dizendo que essa Glosa fala do discurso unido à iluminação.

2. Respondo dizendo que o anjo que fala nada produz no anjo ao qual fala; mas produz algo no próprio anjo que fala, e por isso é conhecido pelo outro, do modo dito antes; então, também não é necessário que o que fala algo infunda alguma coisa naquele ao qual fala.

---

287. PSEUDO-DIONÍSIO, *De caelesti hierarchia*, XV, § 3: PG 3, 322 B.

3. E, assim, é clara a solução ao terceiro.

4. É clara a resposta ao quarto pelo dito.

5. Respondo dizendo que o anjo ao qual alguém fala o faz ir da potência de conhecer ao ato de conhecer; não por isto que o anjo é reduzido da potência ao ato, mas por isto que o mesmo anjo que fala passa a si mesmo da potência ao ato, enquanto faz em si um ato perfeito de alguma forma, na medida em que se ordena a outro.

6. Respondo dizendo que o ensinamento é propriamente acerca dessas coisas que aperfeiçoam o intelecto. Contudo, isso que um anjo conhece o pensamento de outro não pertence à perfeição do seu intelecto; assim como não pertence à perfeição do meu intelecto que eu conheça coisas que me estão ausentes e não pertencem a mim.

Artigo 6
Sexto, pergunta-se se é requerida determinada distância local para que um anjo fale com outro[288]

E parece que sim.

---

288. Lugares paralelos: *Super Sent*. II, d. 11, q. 2, a. 3, ad 3 e 4; *Sum. Th*. I, q. 107, a. 4.

Argumentos

1. Em qualquer lugar onde se requerem acesso e recesso é necessário determinada distância. Ora, os anjos *que se aproximam e se afastam uns dos outros* contemplam suas mentes mutuamente, como diz Máximo no *Comentário sobre A hierarquia celeste*,[289] no capítulo II. Logo etc.

2. Além do mais, segundo Damasceno,[290] onde o anjo opera, ali ele está. Logo, se um anjo fala a outro anjo, é necessário que esteja onde está aquele ao qual fala e, assim, se requer determinada distância.

3. Além do mais, em Is 6,3, diz-se que *eles clamavam uns aos outros*. Ora, a locução clamorosa não tem lugar senão pela sua distância da qual falamos. Logo, parece que a distância impede a locução do anjo.

---

289. GREGÓRIO, *Moral.*, XVIII, cap. 48: PL 76, 84 B.
290. JOÃO DAMASCENO, *De fide*, I, c. 13: PG 94, 853 A; ibid., II, c. 3: PG869 B.

4. Além do mais, é necessário que a locução seja levada do que fala ao ouvinte. Ora, isso não pode ocorrer se há uma distância local entre o anjo que fala e o ouvinte, porque a locução espiritual não é levada por meio corporal. Logo, a distância local impede a locução do anjo.

5. Além do mais, se a alma de Pedro estivesse aqui, conheceria as coisas que ocorrem aqui; porém, como está no céu, não conhece; por isso, sobre o que se encontra em Is 63,16: *Abraão não nos conhece*,[291] diz a Glosa de Agostinho:[292] *os mortos não conhecem, mesmo os santos, as coisas que os vivos fazem, mesmo os seus filhos*. Logo, a distância local impede o conhecimento da alma bem-aventurada; e pela mesma razão com o anjo e também a locução.

Ao contrário

Há a máxima distância entre o paraíso e o inferno. Ora, eles [os santos e os condenados] se observam de modo mútuo, maximamente antes do dia do Juízo, como é claro por isso que se encontra em Lc 26,23 sobre Lázaro e o homem rico. Logo, nenhuma distância local impede o conhecimento da alma separada e, de modo semelhante, nem com o anjo; e pela mesma razão nem com a locução.

Respondo

Respondo dizendo que a ação segue o modo do agente; e, por isso, as coisas que são materiais e localizadas atuam de modo

---

291. Optamos por não seguir, neste trecho, a tradução da Bíblia de Jerusalém, para melhor compreensão do argumento.
292. AGOSTINHO, *Interlin*. Ibid., cf. *De Cura pro Mortuis Gerenda*, cap. 16: PL 40, 606.

corporal e local; porém, as coisas que são espirituais não atuam senão de modo espiritual. Por isso, como o anjo, enquanto é inteligente, de nenhum modo está localizado, a ação do intelecto do mesmo de nenhum modo tem proporção com o lugar. E, por isso, como a locução é operação do mesmo intelecto, a distância local ou a proximidade nada faz com relação a ela; e, assim, um anjo recebe a locução de um anjo igualmente de um lugar próximo ou remoto, nesse modo pelo qual dizemos que os anjos estão em um lugar.

Respostas aos argumentos

1. Respondo, portanto, dizendo que esse acesso e recesso não devem ser entendidos segundo o local, mas segundo a conversação de um com outro.

2. Respondo dizendo que, quando se diz que um anjo está onde opera, deve-se entender da operação pela qual age acerca de algum corpo; de fato, essa operação local é por parte disto no qual é determinado. Contudo, a locução do anjo não é tal operação; e, por isso, o argumento não procede.

3. Respondo dizendo que esse clamor pelo qual se diz que os serafins clamam designa a magnitude das coisas que falam, a saber, a unidade da essência e a Trindade das pessoas, dizendo *santo, santo, santo* etc.[293]

4. Respondo dizendo que o anjo ao qual o discurso é feito, como foi dito, não recebe algo do que fala; mas, pela espécie que tem em si, conhece outro anjo e sua locução. Por isso, não é ne-

---

293. Is 6,3.

cessário estabelecer algum intermediário pelo qual algo é levado de um a outro.

5. Respondo dizendo que Agostinho fala do conhecimento natural das almas, pelo qual também os santos não podem conhecer as coisas que são feitas aqui; mas as conhecem por virtude da glória, como expressamente diz Gregório,[294] ao expor esta passagem de Jó 14,21: *seus filhos adquirem honras, mas não o chegará a saber; caem em desonra, mas ele não o percebe.* Mas os anjos têm um conhecimento natural mais elevado do que a alma; por isso não há semelhança entre o anjo e a alma.

---

294. GREGÓRIO, *Moral.*, XII, c. 21: PL 75, 999 B.

Artigo 7
Sétimo, pergunta-se se um anjo pode falar com outro, de maneira que outros não percebam sua locução[295]

E parece que não.

---

295. Lugar paralelo: *Sum. Th.* I, q. 107, a. 5.

Argumentos

1. Para a locução nenhuma outra coisa é requerida do que as espécies inteligíveis e a conversão ao outro. Ora, assim como essas espécies e a conversão são conhecidas por um anjo, assim também por outro. Logo, de igual modo, um anjo percebe a locução de todos os anjos.

2. Além do mais, um anjo fala a todos os anjos com os mesmos gestos. Portanto, se algum anjo conhece a locução pela qual algum anjo lhe fala, pela mesma razão conhece a locução pela qual um anjo fala com outro.

3. Além do mais, qualquer um que intui um anjo percebe a sua espécie pela qual ele intelige e fala. Ora, os anjos intuem sempre entre si. Logo, um anjo sempre conhece a locução de outro, seja para si, seja para outro.

4. Além do mais, se um homem fala, de modo igual, ele será ouvido por todos os que se aproximam de igual modo dele, a não ser por defeito por parte do ouvinte, enquanto tem defeito na audição. Ora, às vezes, um anjo está mais próximo de outro anjo que fala do que aquele ao qual fala, segundo a ordem da natureza, ou também segundo o lugar. Logo, não é ouvido apenas por aquele ao qual fala.

Ao contrário

Parece inconveniente dizer que um anjo não pode algo que nós podemos. Ora, um homem pode contar a outro aquilo que tem concebido em seu coração, de maneira que permaneça escondido de outros. Logo, também um anjo pode falar com outro sem isto que seja percebido por algum outro.

Respondo

Respondo dizendo que assim como é claro pelo dito, por isso, o mesmo pensamento de um anjo vem ao conhecimento de outro por modo de certa locução espiritual que o anjo faz uma espécie em ato, não só segundo si mesmo, mas também em ordem ao outro; e isso se faz por vontade própria do anjo que fala. Contudo, não é necessário que as coisas que são da vontade se comportem do mesmo modo com todas as coisas, mas segundo o modo fixado pela vontade; e, por isso, o discurso dito não se comportará igualmente com todos os anjos, mas segundo o que determinará a vontade do anjo que fala. Então, se um anjo faz por vontade própria em ato uma espécie segundo o intelecto em ordem a um só anjo, seu discurso é percebido apenas por ele; se, porém, em ordem a muitos, é percebido por muitos.

Respostas aos argumentos

1. Respondo, portanto, dizendo que na locução não se requer a conversão ou direção como conhecida, mas como o que faz o conhecimento. Então, por isso mesmo que um anjo se volta para outro, essa conversão o faz conhecer o pensamento de outro anjo.

2. Respondo dizendo que em geral há um gesto pelo qual um anjo fala a todos; mas em especial, há tantos gestos quantas são as conversões aos diversos anjos; por isso, cada um conhece segundo o gesto ao qual se faz.

3. Respondo dizendo que, ainda que um anjo intua outro anjo, não é necessário que veja a espécie, enquanto o outro pensa em ato alguma coisa, a não ser que esse anjo se volte a ele.

4. Respondo dizendo que a locução humana move a audição pela ação que é por necessidade da natureza, por impelir o ar até a orelha; mas esse modo não está na locução do anjo, como foi dito nos artigos 5 e 6, mas tudo depende da vontade do anjo que fala.

Este livro foi impresso pela Paym
em fonte Garamond Premier Pro sobre papel Chambril Avena 70 g/m^2
para a Edipro na primavera de 2017.